KB231455

두산이 일기

작문실력 향상을 위한

쑥쑥 중국어 일기 2

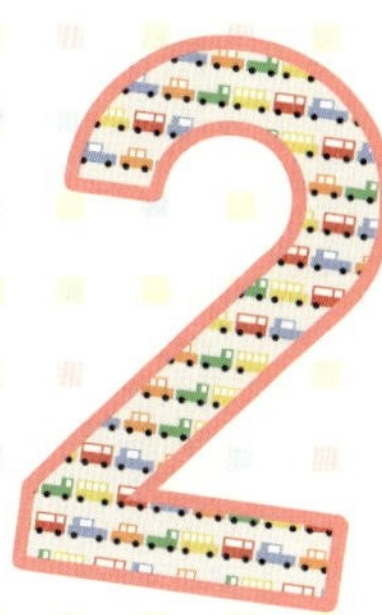

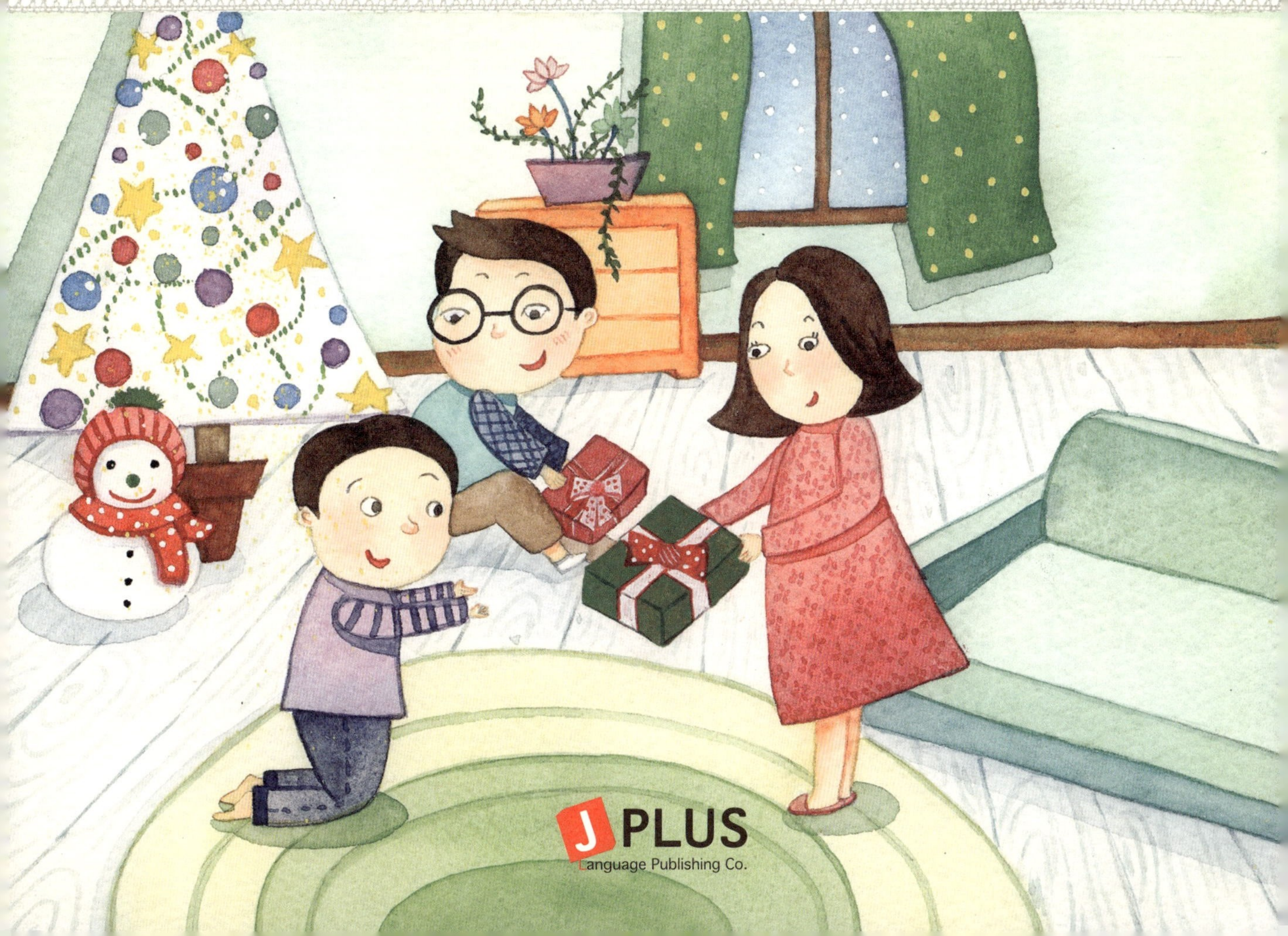

JPLUS
Language Publishing Co.

외국어 공부에서 가장 어려운 부분이 바로 작문입니다.

단어나 문법에 얽매이다 보면 문장이 자연스럽지 못하기 때문입니다.

그래서 자주 사용되는 중국어 표현을 익혀 매일 일기를 쓰는 것은 작문 능력을 기르는데 큰 도움이 됩니다.

"두산이 일기"는 1권인 쑥쑥 중국어일기 "홍화의 일기" 다음 단계로, 학교나 일생생활에서 쉽게 접할 수 있는 상황을 짧고 간략한 문장으로 구성하였습니다.

우선 본문을 큰 소리로 읽고 그 내용을 해석하세요.

그 다음에 어법더하기에 나온 예문을 통하여 일상회화에서 자주 쓰는 어법을 숙지하고, 그 다음 단계에서 본문과 단어를 사용하여 재미있는 연습문제를 풀어보세요.

마지막으로 앞에서 배운 단어와 표현을 사용하여 중국어 일기를 써보세요.

학습자들이 이 책을 통하여 중국어 작문에 흥미를 갖게 되어 중국어 작문의 기초도 다지고 중국어 실력의 커다란 발전이 있기를 희망합니다.

2011년 10월

저자 씀

본문

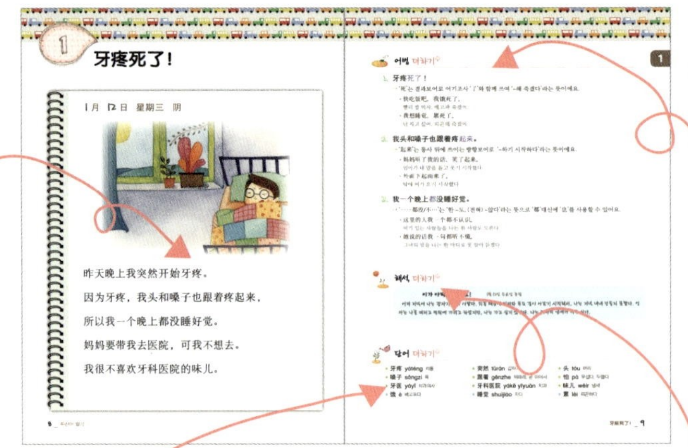

일상생활이나 학교 생활에서 접할 수 있는 경험들을 간략한 일기 형식의 문장으로 구성했어요. 쉽고 자주 사용되는 표현들을 통해 중국어 작문실력을 향상시킬 수 있을거에요.

어법 더하기⁺

일기에 나오는 핵심 어법과 중요표현을 정리했어요. 간단한 설명이 빠른 이해를 도와줄 거에요. 일기에 사용된 문장 외에도 여러 예문을 실어 다양한 표현을 알도록 구성했어요.

단어 더하기⁺

본문에 나오는 단어와 어법 더하기의 예문에 나오는 단어를 총망라하여 구성했어요. 어휘는 작문의 기초이기 때문에 단어를 풍부하게 실었고, 본문의 단어와 어법 더하기의 단어를 다른 색으로 표시했어요.

해석 더하기⁺

일기를 보고 정확하게 문장과 문맥을 이해했는지 확인할 수 있도록 한국어 해석을 실었어요. 중국어 문장을 이해한 후에 한국어 문장으로 자연스럽게 표현하도록 연습해 보세요.

연습 더하기⁺

본문을 읽고, 어법을 다지고, 정확한 해석을 하고, 단어를 익혔다면 일기쓰기를 위한 전 과정이 제대로 학습되었는지 확인해 보세요. 다양한 문제를 제공하여 흥미를 잃지 않도록 재미있게 구성했어요.

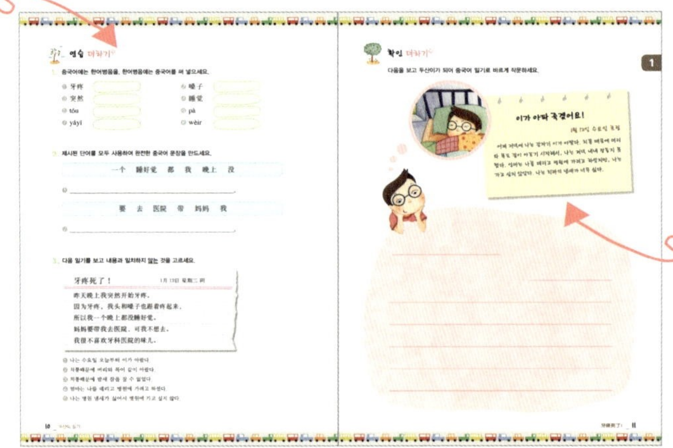

확인 더하기⁺

실전 확인 학습을 하도록 구성했어요. 한국어 해석을 보고 중국어 일기를 써보는 최종단계로 지금까지 학습했던, 어법과 어휘를 떠올리며 중국어 작문 실력을 확인해 보세요.

MP3 무료다운로드

www.jplus114.com에서 일기의 본문과 단어를 들을 수 있어요.

1. 날짜쓰기

연도, 월, 일의 순서로 씁니다.

2011年 → 6月 → 29日

2. 요일쓰기

월요일	화요일	수요일	목요일	금요일	토요일	일요일
星期一	星期二	星期三	星期四	星期五	星期六	星期天 星期日
礼拜一	礼拜二	礼拜三	礼拜四	礼拜五	礼拜六	礼拜日

3. 날씨쓰기

날씨의 변화를 나타낼 때는 '转'을 씁니다.
예) 맑은 뒤 흐림 : 晴转阴

두산이 자기소개

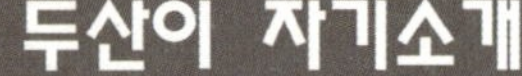

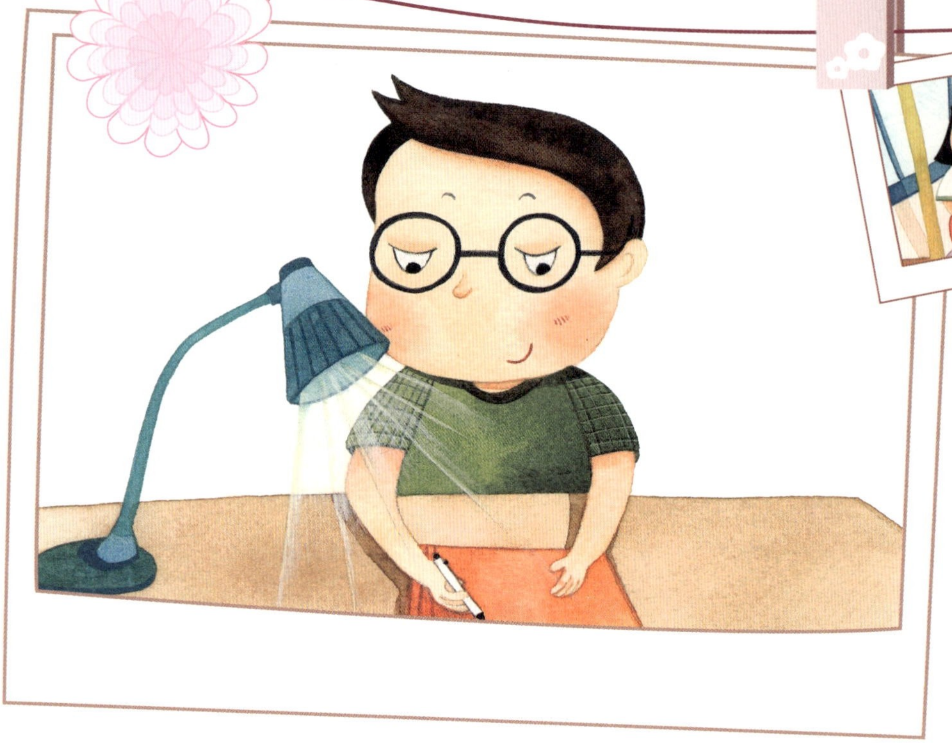

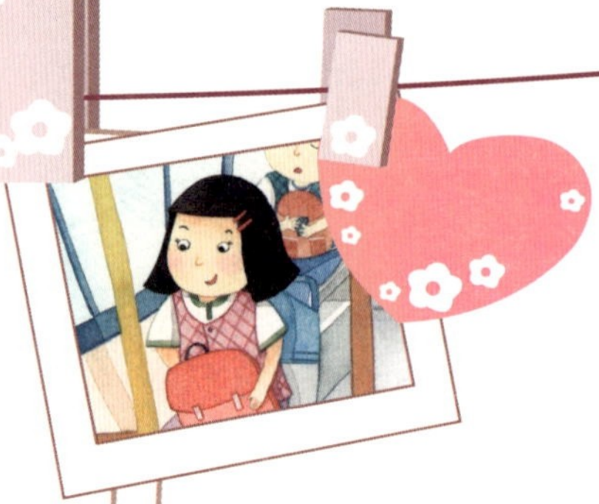

名字：李斗山
이름 이두산

年龄：16岁
나이 16세

身高：176cm
키 176cm

体重：秘密
몸무게 비밀

家族：爸爸、妈妈、姐姐和我
가족관계 아빠, 엄마, 누나 그리고 나

爱好：玩儿电脑游戏，看足球比赛
취미 컴퓨터 게임하기, 축구경기 보기

最喜欢的课：汉语
좋아하는 과목 중국어

不喜欢的课：英语，数学
싫어하는 과목 영어, 수학

喜欢的菜：泡菜汤
좋아하는 음식 김치찌개

喜欢的明星：少女时代
좋아하는 연예인 소녀시대

두산이
일기

牙疼死了！

1月 12日 星期三 阴

昨天晚上我突然开始牙疼。

因为牙疼，我头和嗓子也跟着疼起来，

所以我一个晚上都没睡好觉。

妈妈要带我去医院，可我不想去。

我很不喜欢牙科医院的味儿。

어법 더하기

1. 牙疼死了！

⋯▶ '死'는 결과보어로 어기조사 '了'와 함께 쓰여 '~해 죽겠다'라는 뜻이에요.

- 快吃饭吧，我饿死了。
  빨리 밥 먹자, 배고파 죽겠어.
- 我想睡觉，累死了。
  난 자고 싶어, 피곤해 죽겠어.

2. 我头和嗓子也跟着疼起来。

⋯▶ '起来'는 동사 뒤에 쓰이는 방향보어로 '~하기 시작하다'라는 뜻이에요.

- 妈妈听了我的话，笑了起来。
  엄마가 내 말을 듣고 웃기 시작했다.
- 外面下起雨来了。
  밖에 비가 오기 시작했다.

3. 我一个晚上都没睡好觉。

⋯▶ '一…都没/不…'는 '한 ~도, (전혀) ~않다'라는 뜻으로 '都'대신에 '也'를 사용할 수 있어요.

- 这里的人我一个都不认识。
  여기 있는 사람들을 나는 한 사람도 모른다.
- 她说的话我一句都听不懂。
  그녀의 말을 나는 한 마디로 못 알아 듣겠다.

해석 더하기

이가 아파 죽겠어요!   1월 12일 수요일 흐림

어제 저녁에 나는 갑자기 이가 아팠다. 치통 때문에 머리와 목도 같이 아프기 시작해서, 나는 저녁 내내 잠들지 못했다. 엄마는 나를 데리고 병원에 가려고 하셨지만, 나는 가고 싶지 않았다. 나는 치과의 냄새가 너무 싫다.

단어 더하기

- ★ 牙疼 yáténg 치통
- ★ 嗓子 sǎngzi 목
- ★ 牙医 yáyī 치과의사
- ★ 饿 è 배고프다

- ★ 突然 tūrán 갑자기
- ★ 跟着 gēnzhe 뒤따라, 곧 이어서
- ★ 牙科医院 yákē yīyuàn 치과
- ★ 睡觉 shuìjiào 자다

- ★ 头 tóu 머리
- ★ 怕 pà 무섭다, 두렵다
- ★ 味儿 wèir 냄새
- ★ 累 lèi 피곤하다

 연습 **더하기**➕

1. 중국어에는 한어병음을, 한어병음에는 중국어를 써 넣으세요.

　❶ 牙疼　　　　　　　　　　❷ 嗓子

　❸ 突然　　　　　　　　　　❹ 睡觉

　❺ tóu　　　　　　　　　　❻ pà

　❼ yáyī　　　　　　　　　　❽ wèir

2. 제시된 단어를 모두 사용하여 완전한 중국어 문장을 만드세요.

> 一个　　睡好觉　　都　　我　　晚上　　没

　❶ ＿＿＿＿＿＿＿＿＿＿＿＿＿＿＿＿＿＿＿＿＿＿＿。

> 要　　去　　医院　　带　　妈妈　　我

　❷ ＿＿＿＿＿＿＿＿＿＿＿＿＿＿＿＿＿＿＿＿＿＿＿。

3. 다음 일기를 보고 내용과 일치하지 <u>않는</u> 것을 고르세요.

牙疼死了！　　　　　　1月 12日 星期三 阴

　昨天晚上我突然开始牙疼。

　因为牙疼，我头和嗓子也跟着疼起来，

　所以我一个晚上都没睡好觉。

　妈妈要带我去医院，可我不想去。

　我很不喜欢牙科医院的味儿。

　❶ 나는 수요일 오늘부터 이가 아팠다.

　❷ 치통때문에 머리와 목이 같이 아팠다.

　❸ 치통때문에 밤새 잠을 잘 수 없었다.

　❹ 엄마는 나를 데리고 병원에 가려고 하셨다.

　❺ 나는 치과 냄새가 싫어서 병원에 가고 싶지 않다.

확인 더하기➕

다음을 보고 두산이가 되어 중국어 일기로 바르게 작문하세요.

이가 아파 죽겠어요!

1월 12일 수요일 흐림

어제 저녁에 나는 갑자기 이가 아팠다. 치통 때문에 머리와 목도 같이 아프기 시작해서, 나는 저녁 내내 잠들지 못했다. 엄마는 나를 데리고 병원에 가려고 하셨지만, 나는 가고 싶지 않았다. 나는 치과의 냄새가 너무 싫다.

悲伤的情人节

2月 14日 星期二 雪

今天是情人节。

妈妈给爸爸买了巧克力，

姐姐也去跟男朋友约会了。

只剩下我什么也没有。

其实我喜欢上了一个女孩子。

可是我很怕被她拒绝，还没有勇气去表白。

 어법 더하기➕

1. 只剩下我什么也没有。

⤷ '什么也+부정'은 '아무것도 ~않다'라는 뜻이에요.

- 她什么也不知道。
  그녀는 아무것도 모른다.
- 我什么地方也不去。
  난 어디에도 가지 않는다.

2. 其实我喜欢上了一个女孩子。

⤷ '上'은 시작이나 닫음, 달성을 나타내는 결과보어로 동사 뒤에 쓰여요.

- 请您闭上眼睛。
  눈을 감아주세요.
- 我在美国考上了大学。
  나는 미국에서 대학 시험에 합격했다.

3. 可是我很怕被她拒绝，还没有勇气去表白。

⤷ '还'는 동작이나 상태가 변함없이 지속되고 있음을 나타내는 부사로, 긍정문에서는 '여전히'라는 뜻으로 해석되며 부정문에서는 '아직'이라는 뜻이에요.

- 我还不知道这件事。
  나는 아직 이 일을 모른다.
- 我还没去过中国。
  나는 아직 중국에 가 본 적이 없다.

 해석 더하기➕

슬픈 밸런타인데이　　2월 14일 화요일 눈

오늘은 밸런타인데이이다. 엄마는 아빠에게 초콜릿을 사주셨고, 누나도 남자친구와 데이트하려 나갔다. 나만 남아서 아무 일도 없었다. 사실 나는 한 여자아이를 좋아하게 됐다. 하지만 나는 그 애에게 거절당할까 봐 두려워 아직 고백할 용기가 없다.

 단어 더하기➕

- ★ 悲伤 bēishāng 슬프다
- ★ 男朋友 nánpéngyou 남자친구
- ★ 什么 shénme 무엇, 무슨
- ★ 被 bèi ~에 의해
- ★ 表白 biǎobái 고백하다

- ★ 情人节 Qíngrénjié 밸런타인데이
- ★ 约会 yuēhuì 데이트(하다)
- ★ 其实 qíshí 사실
- ★ 拒绝 jùjué 거절하다
- ★ 闭 bì 닫다

- ★ 巧克力 qiǎokèlì 초콜릿
- ★ 剩下 shèngxià 남다
- ★ 女孩子 nǚháizi 여자아이, 소녀
- ★ 勇气 yǒngqì 용기
- ★ 眼睛 yǎnjing 눈

연습 더하기✚

1. 중국어와 한어병음, 그리고 뜻을 서로 맞게 연결하세요.

❶ 情人节 •	• qíshí •	• 초콜릿
❷ 其实 •	• yǒngqì •	• 밸런타인데이
❸ 勇气 •	• Qíngrénjié •	• 사실
❹ 巧克力 •	• jùjué •	• 용기
❺ 表白 •	• biǎobái •	• 거절하다
❻ 拒绝 •	• qiǎokèlì •	• 고백하다

2. 문장에 맞는 단어를 고르세요.

❶ 只剩 │ 上 / 下 │ 我什么也没有。

❶ 其实我喜欢 │ 上 / 下 │ 了一个女孩子。

❶ 妈妈 │ 给 / 被 │ 爸爸买了巧克力。

❶ 可是我很怕 │ 给 / 被 │ 她拒绝。

3. 보기에서 알맞은 단어를 골라 문장을 완성하세요.

> **보기**　　　　悲伤的　　其实　　什么也　　约会

❶ ◯◯◯◯ 情人节!
　　슬픈

❷ 姐姐也去跟男朋友 ◯◯◯◯ 了。
　　　　　　　　　데이트하다

❸ 只剩下我 ◯◯◯◯ 没有。
　　　아무것도

❹ ◯◯◯◯ 我喜欢上了一个女孩子。
　　사실

확인 더하기✚

다음을 보고 두산이가 되어 중국어 일기로 바르게 작문하세요.

슬픈 밸런타인데이

2월 14일 화요일 눈

오늘은 밸런타인데이이다. 엄마는 아빠에게 초콜릿을 사 주셨고, 누나도 남자친구와 데이트하려 나갔다. 나만 남아서 아무 일도 없었다. 사실 나는 한 여자아이를 좋아하게 됐다. 하지만 나는 그 애에게 거절당할까 봐 두려워 아직, 고백할 용기가 없다.

电脑游戏

3月 3日　星期四　阴转晴

我很喜欢电脑，因为能看电视、玩儿游戏。

但我家没有电脑，因为妈妈怕电脑会影响学习。

我向妈妈保证每天只玩儿一个小时，

妈妈终于答应给我买电脑了。

 ## 어법 더하기✛

1. 我**向**妈妈**保证**每天只玩儿一个小时。

　→ '向…保证'은 '~에게 약속하다, 보증하다'라는 뜻이에요.

　• 我向你保证，一定不告诉别人。
　　다른 사람에게 말하지 않겠다고 너에게 약속할게.

　• 我向你保证再也不这么做了。
　　다시는 이렇게 하지 않겠다고 너에게 약속할게.

2. 妈妈**终于**答应给我买电脑了。

　→ '终于'는 여러 변화나 기다림을 거친 후에 하는 말로 '마침내'라는 뜻이에요.

　• 我的努力终于有了结果。
　　나의 노력이 결국 결실을 맺었다.

　• 通过努力，我终于取得了好成绩。
　　노력해서 나는 결국 좋은 성적을 얻었다.

3. 妈妈终于答应**给**我买电脑了。

　→ '给'는 '~에게'라는 뜻의 전치사와 '주다'라는 뜻의 동사로 쓰이는데, 여기서는 전치사로 사용됐어요.

　• 明天我给你打电话。
　　내일 내가 너에게 전화할게.

　• 我给你介绍一下，这位是新来的张老师。
　　제가 당신께 소개해 드리겠습니다. 이 분은 새로 오신 장 선생님이십니다.

 ## 해석 더하기✛

컴퓨터게임　　3월 3일 목요일 흐린 후 맑음

나는 컴퓨터를 좋아한다. TV도 볼 수 있고 게임도 할 수 있기 때문이다. 하지만 우리 집에 컴퓨터가 없었다. 엄마가 내 공부에 지장을 줄까 봐 걱정하셨기 때문이다. 나는 엄마에게 매일 한 시간씩만 하겠다고 약속했고, 엄마는 결국 허락하셔서 나에게 컴퓨터를 사주셨다.

 ## 단어 더하기✛

★ 电脑 diànnǎo 컴퓨터	★ 游戏 yóuxì 게임	★ 玩儿 wánr 놀다, (활동을) 하다
★ 会 huì ~할 수 있다	★ 影响 yǐngxiǎng 영향을 주다	★ 答应 dāying 승락하다, 허락하다
★ 一定 yídìng 반드시	★ 告诉 gàosu ~에게 알리다	★ 别人 biérén 다른 사람
★ 结果 jiéguǒ 결과, 결국	★ 通过 tōngguò ~을 통해서	★ 取得 qǔdé 얻다, 취득하다
★ 介绍 jièshào 소개하다		

연습 더하기⁺

1. 다음 한어병음을 조합해 바르게 쓰고, 뜻을 채워 넣으세요.

보기   n á w   →   wán   玩   놀다

① q é d ǔ   →   　　　 取得   　　　
② j é ǒ i u g   →   　　　 结果   　　　
③ ì ó u x y   →   　　　 游戏   　　　
④ ǎ y ǐ x i n g ng   →   　　　 影响   　　　

2. 제시된 단어를 모두 사용하여 완전한 중국어 문장을 만드세요.

保证　我　一个小时　向妈妈　每天　只玩儿

① ____ 。

电脑了　妈妈　买　终于　给我　答应

② ____ 。

3. 다음 일기를 보고 내용과 일치하지 <u>않는</u> 것을 고르세요.

电脑游戏　　　　　　3月 3日 星期四 阴转晴

我很喜欢电脑，因为能看电视、玩儿游戏。

但我家没有电脑，因为妈妈怕电脑会影响学习。

我向妈妈保证每天只玩儿一个小时，

妈妈终于答应给我买电脑了。

① 3월 3일 목요일은 흐렸다 갰다.
② TV도 볼 수 있고 게임도 할 수 있어서, 나는 컴퓨터를 좋아한다.
③ 나는 엄마에게 매일 한 시간만 컴퓨터를 하겠다고 약속했다.
④ 엄마는 나의 학습에 도움이 되기 위해 컴퓨터를 사주셨다.
⑤ 우리집에는 원래 컴퓨터가 없었다.

확인 더하기+

다음을 보고 두산이가 되어 중국어 일기로 바르게 작문하세요.

学汉语的好方法

3 月 20 日 星期一 雨转阴

汉语老师给我们介绍了学汉语的好方法。

她说应该多听、多说、多读、多写。

为了提高汉语写作能力，

我决定从今天起用汉语写日记。

加油！

 어법 더하기✛

1. 汉语老师给我们介绍了学汉语的好方法。

  ⟶ '给…介绍…'는 '~에게 ~을 소개하다'라는 뜻이에요.

  • 姐姐给我介绍了她的朋友。
    누나는 나에게 누나친구를 소개했다.
  • 她给我们介绍了韩国的电影。
    그녀는 우리들에게 한국 영화를 소개했다.

2. 她说应该多听、多说、多读、多写。

  ⟶ '应该'는 '반드시 ~해야만 한다'라는 뜻으로, 필연성을 나타내는 능원동사(조동사)에요.

  • 你应该好好儿学习。
    넌 열심히 공부해야 한다.
  • 你不应该这么做。
    너는 이렇게 하지 말아야 한다.

3. 我决定从今天起用汉语写日记。

  ⟶ '从…起'는 '~부터 시작하다'라는 뜻으로, '从…开始'과 같은 뜻이에요.

  • 从今天起，我给你们上课。
    오늘부터 내가 수업을 한다.
  • 从明天起，我要努力学习。
    내일부터 열심히 공부할 것이다.

 해석 더하기✛

중국어 학습 방법 　3월 20일 월요일 비 온 후 흐림

중국어 선생님이 우리들에게 중국어 학습법을 알려주셨다. 선생님은 많이 듣고, 많이 말하고, 많이 읽고, 많이 써봐야 한다고 말씀하셨다. 중국어 쓰기 실력을 향상하기 위해 나는 오늘부터 중국어로 일기를 쓰기로 결심했다. 힘내자!

 단어 더하기✛

★ 汉语 Hànyǔ 중국어
★ 应该 yīnggāi 반드시 ~해야 한다
★ 读 dú 읽다
★ 提高 tígāo 향상시키다
★ 决定 juédìng 결정하다

★ 方法 fāngfǎ 방법
★ 听 tīng 듣다
★ 写 xiě 쓰다
★ 写作 xiězuò 글을 짓다, 글을 쓰다
★ 日记 rìjì 일기

★ 介绍 jièshào 소개하다
★ 说 shuō 말하다
★ 为了 wèile ~하기 위해
★ 能力 nénglì 능력
★ 加油 jiāyóu 힘을 내다, 응원하다

1. 다음 중국어를 조합해 최대한 많은 단어를 만들고, 그 개수를 쓰세요.

记　　外　　汉　　日　　写　　语

____ ···▶ 총 _______ 개

2. 제시된 단어를 모두 사용하여 완전한 중국어 문장을 만드세요.

> 好方法　　汉语老师　　学汉语的　　介绍了　　给我们

❶ ____。

> 决定　　我　　写日记　　从今天起　　用汉语

❷ ____。

3. 다음 일기를 보고 내용과 일치하지 <u>않는</u> 것을 고르세요.

学汉语(Ⓐ)好方法　　　　3月 20日 星期一　雨转阴

汉语老师(Ⓑ)我们介绍了学汉语(Ⓐ)好方法。

她说应该(Ⓒ)听、(Ⓒ)说、(Ⓒ)读、(Ⓒ)写。

(Ⓓ)提高汉语写作能力，

我决定从今天(Ⓔ)用汉语写日记。

加油！

❶ 명사구와 명사구를 연결하기 위해 Ⓐ에는 구조조사 '地'가 들어간다.

❷ '介绍'와 함께 '~에게 ~을 소개하다'라는 뜻을 나타내기 위해 Ⓑ에는 '给'가 들어간다.

❸ 횟수의 많음을 나타내기 위해 Ⓒ에는 공통적으로 '多'가 들어간다.

❹ 어떤 행위나 동작의 목적을 나타내기 위해 Ⓓ에는 '为了'가 들어간다.

❺ '从'과 함께 '~부터 시작하다'라는 뜻을 나타내기 위해, Ⓔ에는 '起'가 들어간다.

확인 더하기✚

다음을 보고 두산이가 되어 중국어 일기로 바르게 작문하세요.

중국어 학습 방법

3월 20일 월요일 비 오 후 흐림

중국어 선생님이 우리들에게 중국어 학습법을 알려주셨다. 선생님은 많이 듣고, 많이 말하고, 많이 읽고, 많이 써봐야 한다고 말씀하셨다. 중국어 쓰기 실력을 향상하기 위해 나는 오늘부터 중국어로 일기를 쓰기로 결심했다. 힘내자!

分！分！分！

今天考了期中考试，我没考好。

汉语还可以，英语、数学考得很差。

如果成绩不好，妈妈会不让我看电视、上网。

我很担心成绩。

 ## 어법 더하기✚

1. 今天考了期中考试，我没考**好**。

⋯› '好'는 '잘 되다, 다 되다'라는 뜻의 결과보어로 동사 뒤에 사용돼요.

- 昨天我没睡好。
  어제 내가 잠을 못 잤다.
- 今天早饭我没吃好。
  오늘 아침을 내가 잘 못 먹었다.

2. 汉语**还可以**，英语、数学考得很差。

⋯› '还可以'는 '그런대로 괜찮다'라는 뜻이에요.

- 这件衣服还可以。
  이 옷이 그런대로 괜찮다.
- 考试成绩还可以。
  시험성적이 그런대로 괜찮다.

3. 汉语还可以，英语、数学考得很**差**。

⋯› '差'는 '안 좋다, 나쁘다, 떨어지다'라는 뜻을 지닌 결과보어로 '동사+得很差'의 정도보어 형식으로 자주 사용돼요.

- 我的作业做得很差。
  내가 숙제를 잘 못했다.
- 我唱歌唱得很差。
  난 노래를 잘 못한다.

 ## 해석 더하기✚

정수! 정수! 정수!　　　4월 27일 금요일 맑음

오늘 중간고사를 봤는데, 잘 보지 못했다. 중국어는 괜찮은데, 영어와 수학은 잘 못봤다. 만약에 성적이 좋지 않으면, 엄마가 TV도 못 보게 하시고, 인터넷도 못하게 하실거다. 성적이 참 걱정된다.

 ## 단어 더하기✚

- ☆ 分 fēn 점수
- ☆ 考试 kǎoshì 시험, 시험보다
- ☆ 成绩 chéngjì 성적
- ☆ 电视 diànshì TV
- ☆ 期中考试 qīzhōng kǎoshì 중간고사
- ☆ 英语 Yīngyǔ 영어
- ☆ 如果 rúguǒ 만약에
- ☆ 上网 shàngwǎng 인터넷을 하다
- ☆ 数学 shùxué 수학
- ☆ 让 ràng ～하게 하다
- ☆ 担心 dānxīn 걱정하다

1. 보기의 글자를 조합해 뜻에 맞는 단어를 만드세요.

> 보기 脑 上 心 期 中 末 考 网 书 学 视 电 数 绩 担 想 试 成

❶ 중간고사 —   ❷ 성적 —

❸ TV —   ❹ 인터넷을 하다 —

❺ 수학 —   ❻ 걱정하다 —

2. 보기에서 알맞은 단어를 골라 문장을 완성하세요.

> 보기 如果 分 差 让

❶ 汉语还可以，英语、数学考得很 ⬚ 。

안 좋다. 떨어지다

❷ ⬚ 成绩不好，妈妈会不让我看电视、上网。

만약에

3. 다음 일기를 보고 내용과 일치하지 <u>않는</u> 것을 고르세요.

分！分！分！　　　　4月 27日 星期五 晴

今天考了期中考试，我没考好。

汉语还可以，英语、数学考得很差。

如果成绩不好，妈妈会不让我看电视、上网。

我很担心成绩。

❶ 나는 성적이 걱정스럽다.　　❷ 4월 22일은 일요일이다.

❸ 오늘 기말고사를 망쳤다.　　❹ 영어와 수학 성적이 낮다.

❺ 성적이 안 좋으면, 엄마는 내가 TV를 못 보게 하신다.

확인 더하기➕

다음을 보고 두산이가 되어 중국어 일기로 바르게 작문하세요.

정수! 정수! 정수!

4월 27일 금요일 맑음

오늘 중간고사를 봤는데, 잘 보지 못했다. 중국어는 괜찮은데, 영어와 수학은 잘 못봤다. 만약에 성적이 좋지 않으면, 엄마가 TV도 못 보게 하시고, 인터넷도 못하게 하실 거다. 성적이 참 걱정된다.

超市阿姨

6月 11日 星期二 雨

我们社区里的超市阿姨非常热情，有人情味儿。

她帮老爷爷、老奶奶挑选东西、算账，

还告诉孩子们不要吃太多的零食，会长蛀牙。

我喜欢超市阿姨。

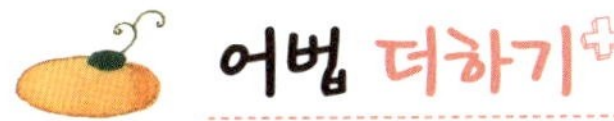 어법 더하기

1. 她**帮**老爷爷、老奶奶挑选东西、算账。

   → '帮'은 '~을 도와주다'라는 뜻의 동사로 뒤에 목적어가 와요. 목적어에는 사람이 올 수도 있고, 주술목적어가 올 수도 있어요.

   - 我每天帮妈妈做饭。
     나는 매일 엄마를 도와 밥을 한다.
   - 姐姐帮我学习数学。
     누나가 내 수학공부를 도와준다.

2. 还告诉孩子们不要吃太多的零食，**会**长蛀牙。

   → '会'는 '~할 것이다'라는 뜻의 조동사 또는 능원동사라고 하며, 가능성 및 추측을 나타내요.

   - 明天会下雨。
     내일 비가 올 것이다.
   - 我永远不会回来。
     나는 영원히 돌아오지 않을 것이다.

3. 还告诉孩子们**不要**吃太多的零食，会长蛀牙。

   → '不要'는 '~하지 말라'라는 뜻으로 '别'와 같은 의미에요.

   - 明天不要迟到。
     내일 지각하지 마.
   - 不要用别人的东西。
     남의 물건을 쓰지 마라.

 해석 더하기

슈퍼 아주머니   5월 11일 화요일 비

우리 동네의 슈퍼 아주머니는 매우 친절하고, 정이 넘친다. 아주머니는 할아버지와 할머니들을 도와 물건을 잘 고르고 계산하신다. 또 아이들에게 충치가 생기니 군것질거리는 많이 먹지 말라고 타이르신다. 나는 슈퍼 아주머니가 좋다.

 단어 더하기

- ★ 超市 chāoshì 슈퍼마켓
- ★ 热情 rèqíng 친절하다, 열정적이다
- ★ 算账 suànzhàng 계산하다
- ★ 蛀牙 zhùyá 충치
- ★ 阿姨 āyí 아주머니
- ★ 人情味儿 rénqíngwèir 정
- ★ 零食 língshí 군것질
- ★ 永远 yǒngyuǎn 영원히
- ★ 社区 shèqū 동네
- ★ 挑选 tiāoxuǎn 고르다
- ★ 长 zhǎng 자라다, 생기다
- ★ 迟到 chídào 지각하다

🌳 연습 더하기 ✛

1. 중국어에는 한어병음을, 한어병음에는 중국어를 써 넣으세요.

> 보기 chāshoì → chāoshì 超市 슈퍼마켓

❶ shqūè → ◻ 社区 ◻
❷ íyā → ◻ 阿姨 ◻
❸ ngèqír → ◻ 热情 ◻

2. 제시된 단어를 모두 사용하여 완전한 중국어 문장을 만드세요.

> 算账　帮老爷爷　挑选东西　老奶奶　她

❶ _______________________________。

> 孩子们　告诉　阿姨　零食　太多的　不要吃

❷ _______________________________。

3. 다음 일기를 보고 내용과 일치하지 <u>않는</u> 것을 고르세요.

超市阿姨　　　　　5月 11日 星期二 雨

我们社区(Ⓐ)的超市阿姨非常热情，
有人情Ⓑ味儿。
她帮(Ⓒ)爷爷、(Ⓓ)奶奶挑选东西、算账，
还告诉孩子们不要吃太多的零食，(Ⓔ)Ⓕ长蛀牙。
我喜欢超市阿姨。

❶ Ⓐ에 '里'가 들어간다.
❷ Ⓑ의 병음은 wèier이다.
❸ Ⓒ와 Ⓓ에는 모두 '老'가 들어간다.
❹ Ⓔ에는 '숧'가 들어간다.
❺ Ⓕ는 '생기다', '자라다'라는 뜻이다.

확인 더하기

다음을 보고 두산이가 되어 중국어 일기로 바르게 작문하세요.

슈퍼 아주머니

4월 11일 화요일 비

우리 동네의 슈퍼 아주머니는 매우 친절하고, 정이 넘친다. 아주머니는 할아버지와 할머니들을 도와 물건을 고르고 계산하신다. 또 아이들에게 충치가 생기니 군것질거리는 많이 먹지 말라고 타이르신다. 나는 슈퍼 아주머니가 좋다.

单恋真痛苦！

ㄷ 月 21 日　星期一　晴

每天坐公共汽车上学的时候，我都能看见她。

可是我从来没跟她说过话，只是偷偷地喜欢她。

单恋真痛苦，我再也受不了了。

我决定明天见到她，就向她表白。

어법 더하기➕

1. 可是我**从来没**跟她说过话，只是偷偷地喜欢她。

⋯⋯ '从来没'는 '이제껏 ~한 적 없다'라는 뜻이에요.

- 我从来没说过这句话。
  난 지금까지 이 말을 한 적 없다.
- 妈妈从来没打过我。
  엄마는 여태껏 나를 때리신 적이 없다.

2. 可是我从来没跟她说过话，**只是**偷偷地喜欢她。

⋯⋯ '只是'은 '단지 ~에 불과하다, 단지 ~한 것 뿐이다'라는 뜻이에요.

- 我只是说说。
  나는 단지 좀 말해본 것 뿐이다.
- 我只是听说过，没有看过。
  나는 단지 들어보기만 하고 본 적이 없다.

3. 单恋真痛苦，我**再也**受不了了。

⋯⋯ '再也+부정사(没/不)'형식은 '더는 ~하지 않(았)다'라는 뜻이에요.

- 我再也不撒谎了。
  나는 더는 거짓말을 하지 않겠다.
- 我再也不迟到了。
  나는 더는 지각하지 않겠다.

해석 더하기➕

짝사랑은 괴로워! 4월 21일 월요일 맑음

매일 버스를 타고 등교할 때 마다, 나는 그 애를 본다. 하지만 나는 이제껏 그 애와 말해 본적 없고, 단지 몰래 좋아하기만 한다. 짝사랑은 괴로워서 난 더는 참을 수 없다. 나는 내일 그 애를 만나면 고백하기로 결정했다.

단어 더하기➕

- ★ 单恋 dānliàn 짝사랑
- ★ 上学 shàngxué 등교하다
- ★ 从来 cónglái 지금까지
- ★ 再也 zàiyě 더는
- ★ 向⋯表白 xiàng⋯biǎobái ~에게 고백하다

- ★ 痛苦 tòngkǔ 괴롭다
- ★ 能 néng ~할 수 있다
- ★ 说话 shuōhuà 말하다
- ★ 受不了 shòu bu liǎo 견딜 수 없다

- ★ 公共汽车 gōnggòngqìchē 버스
- ★ 看见 kànjiàn 만나다
- ★ 偷偷 tōutōu 몰래
- ★ 撒谎 sāhuǎng 거짓말하다

연습 더하기

1. 보기의 단어를 보고 한어병음을 맞게 넣으세요.

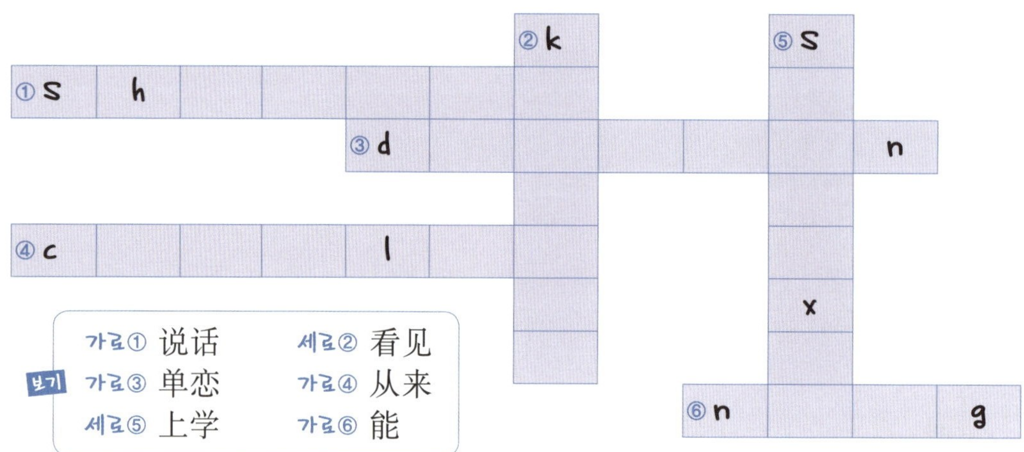

보기
가로① 说话	세로② 看见
가로③ 单恋	가로④ 从来
세로⑤ 上学	가로⑥ 能

2. 다음을 올바르게 해석하세요.

> 我从来没跟她说过话，只是偷偷地喜欢她。

❶ ____.

> 单恋真痛苦，我再也受不了了。

❷ ____.

3. 제시된 단어를 모두 사용하여 완전한 중국어 문장을 만드세요.

> 上学的时候　坐公共汽车　看见她　都能　每天　我

❶ ____。

> 表白　我　就向她　决定　明天　见到她

❷ ____。

확인 더하기

다음을 보고 두산이가 되어 중국어 일기로 바르게 작문하세요.

짝사랑은 괴로워!

4월 21일 월요일 맑음

매일 버스를 타고 등교할 때 마다, 나는 그 애를 본다. 하지만 나는 이제껏 그 애와 말해 보지 없고, 단지 몰래 좋아하기만 한다. 짝사랑은 괴로워서 난 더는 참을 수 없다. 나는 내일 그 애를 만나면 고백하기로 결정했다.

善变的姐姐

6 月 6 日 星期六 阴

姐姐的性格开朗、活泼、外向。

而且非常善变，动不动就生气。

早上她还称赞我是她乖弟弟，

晚上却又批评我不听她的话。

我真担心姐姐以后嫁不出去。

 ## 어법 더하기✛

1. 而且非常**善变**，动不动就生气。

→ '善变'은 '변덕스럽다'라는 뜻의 동사로 여기서 '善'은 '능숙하다, 잘하다'라는 의미에요.

- 他非常善交际。
  그는 교제를 잘한다.
- 我不善言辞。
  나는 말을 잘 못한다.

2. 而且非常善变，**动不动**就生气。

→ '动不动'은 '就'와 자주 함께 쓰이며, '걸핏하면, 툭하면'이라는 뜻이에요.

- 姐姐动不动就跟我吵架。
  누나는 걸핏하면 나랑 싸운다.
- 他动不动就迟到。
  그는 툭하면 지각한다.

3. 我真担心姐姐以后嫁不**出去**。

→ '出去'는 복합방향보어로 동사 뒤에 쓰이며, 동작이 화자에게서 멀어지는 것을 나타내요.

- 我们一定能走出去。
  우리는 반드시 걸어서 나가게 될 거야.
- 这件事情你不能说出去。
  이 일은 당신이 말해버리면 안된다.

 ## 해석 더하기✛

변덕쟁이 누나 6월 6일 토요일 흐림

누나의 성격은 명랑하고, 활발하고, 외향적이다. 그리고 변덕이 매우 심해서 걸핏하면 화를 낸다. 아침에 누나는 내가 착한 남동생이라고 칭찬을 했다가 저녁에는 말을 듣지 않는다고 혼낸다. 나는 누나가 시집을 못 갈까 봐 걱정이다.

 ## 단어 더하기✛

- ★ 善变 shànbiàn 변덕스럽다
- ★ 活泼 huópō 활발하다
- ★ 生气 shēngqì 화내다
- ★ 批评 pīpíng 질책하다, 비평하다
- ★ 言辞 yáncí 말, 언사

- ★ 性格 xìnggé 성격
- ★ 外向 wàixiàng 외향적이다
- ★ 称赞 chēngzàn 칭찬하다
- ★ 嫁出去 jià chū qù 시집보내다
- ★ 吵架 chǎojià 말싸움하다

- ★ 开朗 kāilǎng 명랑하다
- ★ 动不动 dòng bu dòng 걸핏하면
- ★ 乖 guāi 착하다, 말을 잘 듣다
- ★ 交际 jiāojì 교제하다

1. 중국어에는 한어병음을, 한어병음에는 중국어를 써 넣으세요.

❶ 善变 ⬚　　　　　❷ 活泼 ⬚

❸ 动不动 ⬚　　　　❹ 称赞 ⬚

❺ pīpíng ⬚　　　　❻ jiāojì ⬚

❼ chǎojià ⬚　　　　❽ shēngqì ⬚

2. 제시된 단어를 모두 사용하여 완전한 중국어 문장을 만드세요.

> 动不动　善变　非常　姐姐　就生气

❶ ___________________________ 。

> 姐姐　真担心　我　嫁不出去　以后

❷ ___________________________ 。

3. 다음 일기를 보고 내용과 일치하지 <u>않는</u> 것을 고르세요.

善变的姐姐　　　　6月 6日 星期六 阴

姐姐的性格开朗、活泼、外向。

而且非常善变，动不动就生气。

早上她还称赞我是她乖弟弟，

晚上却又批评我不听她的话。

我真担心姐姐以后嫁不出去。

❶ 6월 6일 토요일은 날이 흐렸다.

❷ 나는 누나가 집 밖으로 못 나갈까 봐 걱정이다.

❸ 누나는 변덕이 매우 심해서 걸핏하면 화를 낸다.

❹ 누나의 성격은 명랑하고, 활발하고, 외향적이다.

❺ 아침에 누나는 내가 착한 남동생이라고 칭찬을 했다가 저녁에는 말을 듣지 않는다고 혼낸다.

확인 더하기+

다음을 보고 두산이가 되어 중국어 일기로 바르게 작문하세요.

변덕쟁이 누나

6월 6일 토요일 흐림

누나의 성격은 명랑하고, 활발하고, 외향적이다. 그리고 변덕이 매우 심해서 걸핏하면 화를 낸다. 아침에 누나는 내가 착한 남동생이라고 칭찬을 했다가 저녁에는 말을 듣지 않는다고 혼낸다. 나는 누나가 시집을 못 갈까 봐 걱정이다.

感冒

6 月　29 日　星期五　雨

昨天下雨的时候，我因为没带雨伞，

淋了一身的雨，结果今天感冒了。

我吃完药，在家里睡了一整天，

现在觉得好多了。

因为可以不用上学，我觉得感冒也挺好的。

어법 더하기✚

1. 昨天下雨的时候，我因为没带雨伞，淋了一身的雨，结果今天感冒了。

　→ '…的时候'는 '~할 때'라는 뜻이에요.

　　• 我去他家的时候，他正在看书。
　　　내가 그의 집에 갔을 때 그는 책을 보고 있었다.
　　• 我在中国的时候，看过熊猫。
　　　중국에 있을 때 판다를 본 적이 있다.

2. 昨天下雨的时候，我因为没带雨伞，淋了一身的雨，结果今天感冒了。

　→ '结果'는 두 번째 문장 맨 앞에 나와서 '드디어, 결국, 마침내'라는 뜻을 나타내는 접속사에요.

　　• 我起来晚了，结果迟到了。
　　　나는 늦게 일어나서 결국 지각했다.
　　• 弟弟和我吵架，结果我让步了。
　　　동생과 싸웠는데 결국 내가 양보했다.

3. 我吃完药，在家里睡了一整天，现在觉得好多了。

　→ '觉得'는 '~라고 생각하다, ~하게 느끼다'라는 뜻의 동사에요.

　　• 我觉得很高兴。
　　　내가 매우 기쁘다.
　　• 我觉得你是对的。
　　　나는 네가 옳다고 생각한다.

해석 더하기✚

감기　　6월 29일 금요일 비

어제 비가 올 때 나는 우산이 없어서 온몸에 비를 맞았고, 결국 오늘 감기에 걸렸다. 나는 약을 먹고 집에서 하루 종일 잤고, 지금은 많이 괜찮아졌다. 학교에 안 가도 되니, 감기에 걸리는 것도 꽤 괜찮을 걸!

단어 더하기✚

★ 感冒 gǎnmào 감기, 감기에 걸리다　　★ 带 dài (몸에) 지니다, 휴대하다　　★ 雨伞 yǔsǎn 우산

★ 淋 lín 비를 맞다　　★ 一身 yìshēn 온몸　　★ 完 wán 마치다, 끝나다

★ 药 yào 약　　★ 睡 shuì 자다　　★ 整天 zhěngtiān 온종일

★ 不用 búyòng ~할 필요가 없다　　★ 挺 tǐng 매우　　★ 熊猫 xióngmāo 판다

★ 让步 ràngbù 양보하다　　★ 对 duì 맞다, 옳다

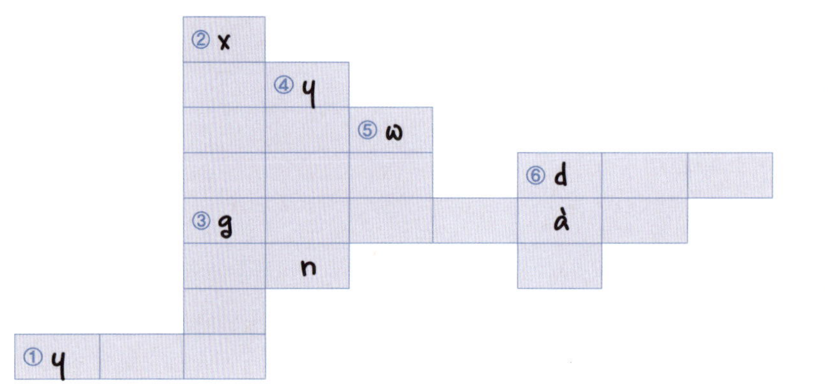

연습 더하기

1. 중국어에는 한어병음을, 한어병음에는 중국어를 써 넣으세요.

가로①	药
세로②	熊猫
가로③	感冒
세로④	雨伞
세로⑤	完
세로⑥	带
가로⑥	对

2. 보기의 괄호 안에 들어갈 단어로 맞는 것을 고르세요.

> **보기** 昨天下雨(A)，我(B)没带雨伞，淋了一身的雨，(C)今天感冒了。

1. Ⓐ 的时候　　Ⓑ 因为　　Ⓒ 后果
2. Ⓐ 的时候　　Ⓑ 结果　　Ⓒ 因为
3. Ⓐ 的时候　　Ⓑ 因为　　Ⓒ 结果
4. Ⓐ 时候　　Ⓑ 因为　　Ⓒ 因为
5. Ⓐ 时候　　Ⓑ 结果　　Ⓒ 因为

3. 다음 일기를 보고 내용과 일치하지 <u>않는</u> 것을 고르세요.

感冒　　　　　6月 29日 星期五 雨

昨天下雨的时候，我因为没带雨伞，

淋了一身的雨，结果今天感冒了。

我吃完药，在家里睡了一整天，现在觉得好多了。

因为可以不用上学，我觉得感冒也挺好的。

1. 어제와 오늘 연이어 비가 왔다.
2. 어제 우산이 없어서 온몸에 비를 맞았다.
3. 어제 비를 맞아서 오늘 감기에 걸렸다.
4. 약을 먹고 하루종일 잤더니 지금 괜찮아졌다.
5. 감기에 걸리면 학교에 가지 못해서 안 좋다.

확인 더하기➕

다음을 보고 두산이가 되어 중국어 일기로 바르게 작문하세요.

你还记得我吗？

7 月 17 日　星期六　阴转晴

今天在路上，我碰到了小学时的朋友。

我对他说："你还记得我吗？"，

他说："当然记得！"

然后我们去吃饭，一起回忆以前的事情。

我们虽然很久没有联系了，但是友情却没有变。

 어법 더하기➕

1. 你还记得我吗?

⋯➤ '记得'는 '(잊지 않고) 기억하다'라는 뜻의 동사로 뒤에 목적어가 와요.

- 我还记得以前的事情。
  나는 이전의 일을 여전히 기억한다.
- 您去年说的那句话我还记得。
  당신이 작년에 한 그 말을 나는 아직 기억한다.

2. 我们虽然很久没有联系，但是友情却没有变。

⋯➤ '虽然…，但是…'은 '비록 ~이지만, 그러나 ~이다.'라는 뜻으로 접속사에요.

- 虽然我爱她，但是我不能给予她想要的。
  비록 나는 그녀를 사랑하지만, 그녀가 원하는 것을 줄 수 없다.
- 虽然外国生活很苦，但是我从来没抱怨。
  비록 외국생활이 고달프지만, 나는 이제껏 원망해 본적 없다.

3. 我们虽然很久没有联系，但是友情却没有变。

⋯➤ '却'는 '도리어, 오히려'라는 뜻의 부사로, 주어가 있을 경우 반드시 주어 다음에 와야 해요.

- 这件衣服式样很好看，颜色却不太漂亮。
  이 옷은 디자인은 예쁜데 색깔이 별로야.
- 我还不知道成绩，妈妈却已经知道了。
  나는 아직 성적을 모르는데 엄마가 오히려 이미 알고 있다.

 해석 더하기➕

나 기억하니?   7월 17일 토요일 흐린 후 맑음

오늘 길에서 나는 초등학교 동창을 만났다. 내가 그 애에게 "나 기억하니?"라고 묻자, 그 애는 "당연히 기억하지!"라고 대답했다. 그리고 나서 우리는 밥 먹으려 갔고, 같이 옛일을 회상했다. 우리는 비록 오랫동안 연락하지 못했지만, 우정은 전혀 변하지 않았다.

 단어 더하기➕

- ✿ 记得 jìde 기억하다
- ✿ 然后 ránhòu 그런 후에
- ✿ 事情 shìqing 일
- ✿ 友情 yǒuqíng 우정
- ✿ 抱怨 bàoyuàn 원망하다

- ✿ 碰到 pèngdào 우연히 만나다
- ✿ 回忆 huíyì 기억하다, 회상하다
- ✿ 很久 hěnjiǔ 아주 오래
- ✿ 句 jù (말의 양사) 마디
- ✿ 式样 shìyàng 스타일

- ✿ 当然 dāngrán 당연히
- ✿ 以前 yǐqián 예전
- ✿ 联系 liánxì 연락
- ✿ 给予 jǐyǔ 주다

연습 더하기+

1. 중국어와 한어병음, 그리고 뜻을 서로 맞게 연결하세요.

❶ 给予 •　　　　• jìde •　　　　• 기억하다

❷ 抱怨 •　　　　• jǐyǔ •　　　　• 회상하다

❸ 友情 •　　　　• bàoyuàn •　　　　• 원망하다

❹ 回忆 •　　　　• yǒuqíng •　　　　• 주다

❺ 记得 •　　　　• huíyì •　　　　• 우정

2. 제시된 단어를 모두 사용하여 완전한 중국어 문장을 만드세요.

> 碰到了　今天　我　朋友　小学时的　在路上

❶ ____。

> 友情却　虽然　没有变　很久　但是　没有联系　我们

❷ ____。

3. 다음 일기를 보고 내용과 일치하지 <u>않는</u> 것을 고르세요.

你还记得我吗?　　　　　7月 17日 星期六 阴(Ⓐ)晴

今天在路上，我(Ⓑ)了小学时的朋友。

我(Ⓒ)他说："你还记得我吗?"，他说："当然记得!"

然后我们去吃饭，一起回忆以前的事情。

我们(Ⓓ)很久没有联系，但是友情(Ⓔ)没有变。

❶ 날씨의 변화를 나타내기 위해 Ⓐ에는 '转'이 들어간다.

❷ '~와 만나다'라는 뜻의 동사 '见面'이 Ⓑ에 들어간다.

❸ Ⓒ에 '~에게'라는 의미의 '对'가 들어간다.

❹ Ⓓ에 '비록'이라는 접속사 '虽然'이 들어간다.

❺ '却'는 '오히려'라는 의미로 Ⓔ에 들어간다.

확인 더하기 ⊕

다음을 보고 두산이가 되어 중국어 일기로 바르게 작문하세요.

나 기억하니?

7월 17일 토요일 흐린 후 맑음

오늘 길에서 나는 초등학교 동창을 만났다. 내가 그 애에게 "나 기억하니?"라고 묻자, 그 애는 "당연히 기억하지!"라고 대답했다. 그리고 나서 우리는 밥 먹으러 갔고, 같이 옛일을 회상했다. 우리는 비록 오랫동안 연락하지 못했지만, 우정은 전혀 변하지 않았다.

运动

7 月 23 日　星期六　晴

最近几个月里，我一下子长了五公斤。

我决定从今天起，晚上去健身房运动。

姐姐说我肯定会："三天打雨，两天晒网"。

我一定要坚持下去。

어법 더하기+

1. 最近**几**个月里，我一下子长了五公斤。

⋯➤ '几'는 '몇'이라는 뜻으로 주로 10이하의 수를 나타낼 때 사용해요.

- 今天星期几？
  오늘 무슨 요일이죠?
- 你家里有几口人？
  당신 집은 몇 식구인가요?

2. 最近几个月里，我**一下子**长了五公斤。

⋯➤ '一下子'는 '단숨에, 일시에'라는 뜻의 부사에요.

- 她一下子买了五件新衣服。
  그녀는 한꺼번에 옷을 다섯 벌이나 샀다.
- 我一下子背了一百个单词。
  난 한 번에 단어를 100개 외웠다.

3. 姐姐说我**肯定**会："三天打雨，两天晒网"。

⋯➤ '肯定'은 '틀림없이, 확실히'라는 뜻의 부사에요.

- 她肯定知道这件事。
  그녀는 틀림없이 이 일을 알고 있을 것이다.
- 她肯定不是中国人。
  그녀는 확실히 중국인이 아닐 것이다.

해석 더하기+

운동　7월 23일 토요일 맑음

최근 몇 달 동안 한 번에 5kg이 쪘다. 나는 오늘부터 저녁에 헬스클럽에 가서 운동하기로 결정했다. 누나는 내가 분명히 "작심삼일"할거라고 말하는데, 나는 꼭 끝까지 하고 말 거다.

단어 더하기+

- ★ 运动 yùndòng 운동
- ★ 公斤 gōngjīn 킬로그램
- ★ 衣服 yīfu 옷
- ★ 最近 zuìjìn 최근, 요즘
- ★ 健身房 jiànshēnfáng 헬스클럽
- ★ 背 bèi 외우다, 암송하다
- ★ 长 zhǎng 늘다, 증가하다
- ★ 坚持 jiānchí 끝까지 버티다
- ★ 单词 dāncí 단어
- ★ 三天打鱼，两天晒网 sāntiān dǎyú, liǎngtiān shàiwǎng
  사흘간 고기를 잡고 이틀간 그물을 말리다, 하다 말다 하다, 작심삼일

1. 다음 한어병음을 조합해 바르게 쓰고, 뜻을 채워 넣으세요.

① ō n g g j n ī → 公斤
② ā n ch j i í → 坚持
③ ù ò n g n d y → 运动
④ è i b → 背

2. 보기의 밑줄 친 글자와 발음이 같은 것을 찾으세요.

> 보기   最近几个月里，我一下子长了五公斤。

① 取长补短。
② 这条裤子太长了。
③ 她长得真漂亮！
④ 我们加班时间越来越长。
⑤ 万里长城总长约6700公里。

3. 다음을 올바르게 해석하세요.

> 我决定从今天起，晚上去健身房运动。

① ____________________________________.

> 姐姐说我肯定会："三天打雨，两天晒网"。

② ____________________________________.

확인 더하기+

다음을 보고 두산이가 되어 중국어 일기로 바르게 작문하세요.

운동

7월 23일 토요일 맑음

최근 몇 달 동안 한번에 4kg이 쪘다. 나는 오늘부터 저녁에 헬스클럽에 가서 운동하기로 결정했다. 누나는 내가 분명히 "작심삼일"할거라고 말하는데, 나는 꼭 끝까지 하고 말 거다.

胆小鬼

8 月 9 日　星期天　雨

姐姐借来了一盘恐怖片DVD。

我不喜欢看恐怖片，因为看完后总做恶梦。

姐姐逼我看，结果我看的时候几乎一直闭着眼睛。

姐姐笑我是胆小鬼。

어법 더하기+

1. 我不喜欢看恐怖片，因为看**完**后总做恶梦。

→ '完'은 '끝나다, 완성하다'라는 뜻의 결과보어에요.

- 吃完饭后，我写作业。
  밥을 다 먹고 나서 난 숙제를 한다.
- 看完电影后，我就回家了。
  영화를 다 본 후에, 난 바로 집에 돌아갔다.

2. 姐姐**逼**我看，结果我看的时候几乎一直闭着眼睛。

→ '逼'은 '핍박하다, 압박하다'라는 뜻의 동사에요.

- 我的女朋友逼我看韩剧。
  내 여자친구는 나에게 한국드라마를 보라고 한다.
- 我不想出国，但是我父母逼我出去，怎么办？
  나는 출국하고 싶지 않은데, 부모님께서 나가라고 하면 어떻게 하지?

3. 姐姐逼我看，结果我看的时候几乎一直闭**着**眼睛。

→ '着'는 동사 뒤에서 행위나 동작의 지속을 나타내는 동태조사에요.

- 你们先聊着，我去做饭。
  너희들 먼저 얘기 나누고 있어, 내가 가서 밥할게.
- 那个人穿着一条牛仔裤。
  그 사람은 청바지를 입고 있다.

해석 더하기+

> **겁쟁이**　　　　　8월 9일 일요일 비
>
> 누나가 공포영화DVD를 하나 빌려왔다. 나는 다 보고 나서 항상 악몽을 꾸기 때문에 공포영화를 좋아하지 않는다. 누나는 내가 보도록 했고, 결국 나는 볼 때 거의 눈을 감고 있었다. 누나는 내가 겁쟁이라고 놀렸다.

단어 더하기+

- ★ 胆小鬼 dǎnxiǎoguǐ 겁쟁이
- ★ 恐怖片 kǒngbùpiàn 공포영화
- ★ 几乎 jīhū 거의
- ★ 韩剧 Hánjù 한국 드라마

- ★ 借 jiè 빌리다
- ★ 总 zǒng 반드시
- ★ 笑 xiào 웃다, 비웃다
- ★ 出国 chūguó 출국하다

- ★ 盘 pán 접시 모양의 물건을 세는 양사
- ★ 恶梦 èmèng 악몽
- ★ 牛仔裤 niúzǎikù 청바지

1. 중국어에는 한어병음을, 한어병음에는 중국어를 써 넣으세요.

❶ 韩剧

❷ 闭

❸ 借

❹ 几乎

❺ niúzǎikù

❻ èmèng

❼ dǎnxiǎoguǐ

❽ kǒngbùpiàn

2. 다음을 올바르게 해석하세요.

> 姐姐借来了一盘恐怖片DVD。

❶ _______________________________________.

> 姐姐笑我是胆小鬼。

❷ _______________________________________.

3. 다음 일기를 보고 괄호 안에 들어갈 단어를 바르게 쓰세요.

胆小鬼   8月 9日 星期天 雨

　姐姐借来了一(Ⓐ)恐怖片DVD。

　我不喜欢看恐怖片，因为看(Ⓑ)后总(Ⓒ)恶梦。

　姐姐(Ⓓ)我看，结果我看的时候几乎一直闭(Ⓔ)眼睛。

　姐姐笑我是(Ⓕ)小鬼。

Ⓐ

Ⓑ

Ⓒ

Ⓓ

Ⓔ

Ⓕ

 ## 확인 더하기➕

다음을 보고 두산이가 되어 중국어 일기로 바르게 작문하세요.

겁쟁이

8월 9일 일요일 비

누나가 공포영화DVD를 하나 빌려왔다. 나는 다 보고 나서 항상 악몽을 꾸기 때문에 공포영화를 좋아하지 않는다. 누나는 내가 보도록 했고, 결국 나는 볼 때 거의 눈을 감고 있었다. 누나는 내가 겁쟁이라고 놀렸다.

中国菜太油腻！

8 月　30 日　星期六　雨转晴

我的中国朋友请我吃了地道的中国菜。

中国菜的味道跟韩国菜不一样，

它比韩国菜更油腻。我吃不惯中国菜。

我还打算去中国留学。

到时候，我该怎么办呢？

어법 더하기✚

1. 中国菜的味道跟韩国菜不一样。

⟶ '跟…不一样'은 '~와(과) 다르다'라는 뜻으로 '跟'대신에 '和'를 써도 돼요.

- 汉语跟韩国语不一样。
  중국어와 한국어는 다르다.
- 现在跟以前不一样。
  지금과 이전은 다르다.

2. 它比韩国菜更油腻。

⟶ 'A比B更…'은 'A는 B보다 더~하다'라는 뜻의 비교문 형식으로 '更'대신에 '还'가 사용될 수도 있어요.

- 她比我更好看。
  그녀는 나보다 더 예쁘다.
- 这个比那个更便宜。
  이것은 저것보다 더 싸다.

3. 我还打算去中国留学。

⟶ '打算'은 '~할 예정이다, ~할 계획이다'라는 뜻의 조동사(능원동사)로, 뒤에 동사가 와요.

- 我打算去中国学习汉语。
  나는 중국어를 배우러 중국에 갈 계획이다.
- 我打算下午去见朋友。
  나는 오후에 친구를 만날 계획이다.

해석 더하기✚

중국요리는 너무 느끼해!　　　8월 30일 토요일 비 오 후 갬

내 중국친구가 나에게 정통 중국요리를 대접했다. 중국요리의 맛은 한국요리와 다른데, 한국요리보다 더 느끼했다. 나는 중국요리가 입맛에 맞지 않는다. 나는 중국에 유학 갈 계획인데, 그때는 어떡하지?

단어 더하기✚

- ★ 中国菜 Zhōngguócài 중국 음식
- ★ 地道 dìdao 진짜의, 본고장의
- ★ 吃不惯 chī bu guàn 입맛에 맞지 않다
- ★ 该 gāi ~해야 한다
- ★ 便宜 piányi 싸다
- ★ 油腻 yóunì (맛이) 느끼하다
- ★ 味道 wèidào 맛
- ★ 怎么 zěnme 어떻게
- ★ 请 qǐng (부탁, 권유) ~해주세요
- ★ 韩国菜 Hánguócài 한국 음식
- ★ 留学 liúxué 유학
- ★ 办 bàn 처리하다

1. 보기의 글자를 조합해 뜻에 맞는 단어를 만드세요.

> 보기 惯　分　油　奶　第　道　地　到　味　不　腻　观　吃

❶ 진짜의, 본고장의 －

❷ 입에 맞지 않다 －

❸ (맛이) 느끼하다 －

❹ 맛 －

2. 제시된 단어를 모두 사용하여 완전한 중국어 문장을 만드세요.

> 吃了　中国朋友　我的　中国菜　地道的　请我

❶ ______________________________。

> 的　不一样　跟韩国菜　味道　中国菜

❷ ______________________________。

3. 다음 일기를 보고 내용과 일치하지 <u>않는</u> 것을 고르세요.

中国菜太油腻！　　　8月 30日 星期六 雨转晴

我的中国朋友请我吃了地道的中国菜。

中国菜的味道跟韩国菜不一样，

它比韩国菜更油腻。我吃不惯中国菜。

我还打算去中国留学。

到时候，我该怎么办呢?

❶ 나는 중국에 유학 갈 계획이다.

❷ 중국요리와 한국요리의 맛은 다르다.

❸ 중국친구가 내게 정통 중국요리를 대접했다.

❹ 중국에 유학가서 음식에 잘 적응할지 걱정이다.

❺ 중국요리가 한국요리보다 느끼하지만 내 입맛에 잘 맞는다.

확인 더하기 ✛

다음을 보고 두산이가 되어 중국어 일기로 바르게 작문하세요.

중국요리는 너무 느끼해!

8월 30일 토요일 비 오 후 갬

내 중국친구가 나에게 정통 중국요리를 대접했다. 중국요리의 맛은 한국요리와 다른데, 한국요리보다 더 느끼했다. 나는 중국요리가 입맛에 맞지 않는다. 나는 중국에 유학 갈 계획인데, 그때는 어떡하지?

没个性！

9月 13日 星期三 晴

姐姐非常喜欢赶时髦，我觉得那样做没个性。

今天她给我买了一条现在最流行的牛仔裤。

我说我不喜欢，姐姐听了非常生气。

我打算明天向姐姐道歉。

 ## 어법 더하기✛

1. 姐姐非常喜欢赶时髦，我觉得那样做没个性。

⟶ '赶'은 '시간에 대다'라는 뜻의 동사로 '赶时髦'는 '유행을 좇다, 유행을 따르다'라는 의미에요.

- 她为了赶时髦，她最近买了一条窄脚裤。
  유행을 좇기 위해, 그는 최근에 스키니진을 샀다.
- 黑色的外套并不赶时髦，因此明年也可以穿。
  검정색 외투는 유행을 안타기 때문에, 내년에도 입을 수 있다.

2. 姐姐非常喜欢赶时髦，我觉得那样做没个性。

⟶ '那样'은 성질, 상태, 방식, 정도를 나타내는 부사로 '그렇게, 저렇게'라는 뜻이에요.

- 那样也好，先试试再说吧。
  그렇게 하는 것도 좋으니, 먼저 해 보고 다시 말하자.
- 别这样说、那样说了。
  이러니, 저러니 말하지 마라.

3. 我打算明天向姐姐道歉。

⟶ '向…道歉'은 '~에게 사과하다'라는 뜻으로 전치사 '向' 대신에 '跟'을 사용해도 돼요.

- 老师让我向朋友道歉。
  선생님은 친구에게 사과하라고 하셨다.
- 我昨天跟妈妈道歉了。
  어제 나는 엄마에게 사과했다.

 ## 해석 더하기✛

개성이 없어!　　9월 13일 수요일 맑음

누나는 유행을 좇길 참 좋아하는데, 난 그렇게 하는게 개성이 없다고 느껴진다. 오늘 누나가 나에게 지금 가장 유행하는 스키니진을 하나 사줬다. 내가 싫다고 말하자, 누나는 듣고 매우 화를 냈다. 나는 내일 누나에게 사과하려고 한다.

 ## 단어 더하기✛

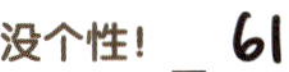

- ★ 个性 gèxìng 개성
- ★ 流行 liúxíng 유행하다
- ★ 窄脚裤 zhǎijiǎokù 스키니진
- ★ 先 xiān 먼저
- ★ 吧 ba 제의, 부탁, 명령, 재촉을 나타내는 어기조사

- ★ 条 tiáo 바지를 세는 양사
- ★ 牛仔裤 niúzǎikù 청바지
- ★ 黑色 hēisè 검정색
- ★ 试 shì (어떤 일을) 시험삼아 해보다

- ★ 最 zuì 제일
- ★ 明天 míngtiān 내일
- ★ 外套 wàitào 외투
- ★ 让 ràng (어떤 일을) ~하게 하다

연습 더하기➕

1. 중국어에는 한어병음을, 한어병음에는 중국어를 써 넣으세요.

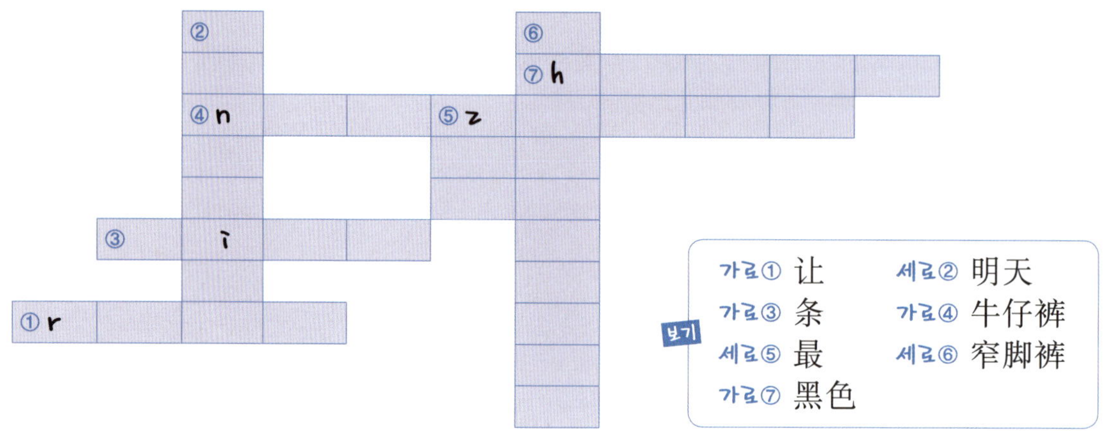

보기

가로① 让	세로② 明天
가로③ 条	가로④ 牛仔裤
세로⑤ 最	세로⑥ 窄脚裤
가로⑦ 黑色	

2. 제시된 단어를 모두 사용하여 완전한 중국어 문장을 만드세요.

> 给我　牛仔裤　今天她　买了一条　最流行的　现在

❶ ____。

> 姐姐　向　打算　我　道歉　明天

❷ ____。

3. 다음 일기를 보고 괄호 안에 들어갈 단어를 바르게 쓰세요.

没个性！　　　　　　　　9月 13日 星期三 晴

姐姐非常喜欢(Ⓐ)时髦，我觉得那样做没个性。

今天她(Ⓑ)我买了一(Ⓒ)现在最流行的牛仔裤。

我说我不喜欢，姐姐听了非常生气。

我打算明天(Ⓓ)姐姐道歉。

Ⓐ ____________　　　　Ⓑ ____________

Ⓒ ____________　　　　Ⓓ ____________

확인 더하기✛

다음을 보고 두산이가 되어 중국어 일기로 바르게 작문하세요.

개성이 없어!

9월 13일 수요일 맑음

누나는 유행을 좇길 참 좋아하는데, 난 그렇게 하는게 개성이 없다고 느껴진다. 오늘 누나가 나에게 지금 가장 유행하는 스키니진을 하나 사줬다. 내가 싫다고 말하자, 누나는 듣고 매우 화를 냈다. 나는 내일 누나에게 사과하려고 한다.

看足球比赛。

9 月 27 日 星期天 风

今天我跟朋友一起去看了一场足球比赛。

因为我们俩支持的队不一样，

所以我们拼命地为自己的队加油。

好在比赛踢平了，不然我和朋友中，

肯定会有一个人不高兴。

어법 더하기➕

1. 因为我们**俩**支持的队不一样，所以我们拼命地为自己的队加油。

   → '俩'는 '두 개, 둘'이라는 뜻으로 그 자체가 '两个'이므로 뒤에 양사를 붙일 수 없어요.

   - 他们俩是好朋友。
     그 두 사람은 친한 친구이다.
   - 他们夫妻俩很幸福。
     그 부부 둘은 매우 행복하다.

2. 因为我们俩支持的队不一样，所以我们拼命地**为**自己的队加油。

   → '为'는 '~을(를) 위해'라는 뜻의 전차사에요.

   - 朋友们为我担心。
     친구들이 나를 걱정한다.
   - 我们为老师准备了礼物。
     우리는 선생님을 위해 선물을 준비했다.

3. 好在比赛踢平了，**不然**我和朋友中，肯定会有一个人不高兴。

   → '不然'은 '그렇지 않으면'이라는 뜻의 접속사에요.

   - 你应该努力学习，不然妈妈会生气。
     열심히 공부해, 그렇지 않으면 엄마가 화낼 거야.
   - 快点儿，不然就要迟到了!
     서둘러, 그렇지 않으면 지각이야!

해석 더하기➕

축구경기 관람   9월 27일 일요일 바람

오늘 친구와 함께 축구경기를 보러 갔다. 우리 둘은 응원하는 팀이 다르기 때문에 필사적으로 자신의 팀을 응원했다. 다행히 경기는 무승부였다. 그렇지 않았다면 나와 친구 중에 한 명은 분명히 기분이 나빴을 거다.

단어 더하기➕

- ★ 足球 zúqiú 축구
- ★ 场 chǎng (문예, 오락, 체육 활동 등의 양사) 번, 차례
- ★ 支持 zhīchí 지지하다
- ★ 好在 hǎozài 다행히
- ★ 幸福 xìngfú 행복하다
- ★ 努力 nǔlì 노력하다
- ★ 比赛 bǐsài 시합, 경기
- ★ 队 duì 팀
- ★ 踢平 tīpíng 무승부
- ★ 准备 zhǔnbèi 준비하다
- ★ 俩 liǎ 두 사람
- ★ 拼命 pīnmìng 필사적으로
- ★ 夫妻 fūqī 부부
- ★ 礼物 lǐwù 선물

1. 다음 중 성조가 <u>다른</u> 하나는?

❶ 努力

❷ 准备

❸ 礼物

❹ 拼命

❺ 好在

2. 다음을 올바르게 해석하세요.

> 因为我们俩支持的队不一样，所以我们拼命地为自己的队加油。

❶ ____.

> 好在比赛踢平了，不然我和朋友中，肯定会有一个人不高兴。

❷ ____.

3. 다음 중 <u>틀린</u> 곳을 찾으세요.

看足球比赛。　　　　　9月 27日 星期天 风

今天我 Ⓐ<u>跟</u>朋友一起去看了一 Ⓑ<u>场</u>足球比赛。

因为我们 Ⓒ<u>俩个</u>支持的队不一样，

所以我们拼命地 Ⓓ<u>为</u>自己的队加油。

好在比赛踢平了，Ⓔ<u>不然</u>我和朋友中，

肯定会有一个人不高兴。

❶ Ⓐ　　　　　　　　❷ Ⓑ

❸ Ⓒ　　　　　　　　❹ Ⓓ

❺ Ⓔ

확인 더하기✚

다음을 보고 두산이가 되어 중국어 일기로 바르게 작문하세요.

축구경기 관람

9월 27일 일요일 바람

오늘 친구와 함께 축구경기를 보러 갔다. 우리 둘은 응원하는 팀이 다르기 때문에 필사적으로 자신의 팀을 응원했다. 다행히 경기는 무승부였다. 그렇지 않았다면 나와 친구 중에 한 명은 분명히 기분이 나빴을 거다.

我爱"少女时代"！

10 月　3 日　星期三　晴转阴

我特别喜欢"少女时代"。

她们九个人都很漂亮，歌也好棒。

我的房间里贴满了她们的照片。

妈妈说我不努力学习，可我就是喜欢她们。

어법 더하기⁺

1. 她们九个人都很漂亮，歌也好棒。

⋯▸ '好'는 형용사나 동사 앞에서 정도의 심함을 나타내는 부사로, '매우, 정말, 굉장히'라는 뜻이에요.

- 好累啊！
  정말 피곤해!
- 路上好热闹！
  길이 참 떠들썩 하군!

2. 我的房间里贴满了她们的照片。

⋯▸ 이 문장은 어느 장소에 어떤 대상이 있다는 의미를 나타내는 존현문으로 존현문의 기본 형식은 '장소+동사+사람/물건'이에요.

- 桌子上放着一封信。
  책상 위에 편지 한 통이 놓여 있다.
- 前边来了一个人。
  앞쪽에서 한 사람이 왔다.

3. 妈妈说我不努力学习，可我就是喜欢她们。

⋯▸ '就是'은 강한 의지를 나타내는 부사에요.

- 我就是不去。
  난 그냥 안 갈래.
- 她就是不同意我的话。
  그녀는 좀처럼 내 말에 동의하지 않는다.

해석 더하기⁺

"소녀시대"가 좋아! 　　10월 3일 수요일 맑은 뒤 흐림

나는 "소녀시대"를 정말 좋아한다. 그녀들 9명 모두 예쁘고, 노래도 좋다. 내 방에는 그녀들의 사진이 가득 붙여 있다. 엄마는 내가 열심히 공부하지 않는다고 말씀하시지만, 나는 그녀들이 좋다.

단어 더하기⁺

- ★ 少女时代 shàonǚshídài 소녀시대(가수)
- ★ 漂亮 piàoliang 예쁘다
- ★ 贴 tiē 붙이다
- ★ 热闹 rènao 떠들썩하다
- ★ 同意 tóngyì 동의하다, 동의
- ★ 棒 bàng (수준) 좋다
- ★ 满 mǎn 가득하다
- ★ 封 fēng (봉투의 양사) 통
- ★ 特别 tèbié 아주, 특히
- ★ 房间 fángjiān 방
- ★ 照片 zhàopiàn 사진
- ★ 信 xìn 편지

 **연습 더하기⁺**

1. 빈칸에 다음 단어의 한어병음을 쓰고, 각 단어의 성조의 합을 쓰세요.

보기   房间   (fángjiān)   (2 + 1 = 3)

❶ 漂亮

❷ 照片

❸ 热闹

2. 제시된 단어를 모두 사용하여 완전한 중국어 문장을 만드세요.

九个人   她们   都很漂亮   好棒   歌也

❶ ____。

照片   我的   贴   房间里   满了   她们的

❷ ____。

3. 다음 일기를 보고 내용과 일치하지 <u>않는</u> 것을 고르세요.

我爱少女时代！　　　　10月 3日 星期三 晴转阴

我特别喜欢少女时代。

她们九个人都很漂亮，歌也好棒。

我的房间里贴满了她们的照片。

妈妈说我不努力学习，可我就是喜欢她们。

❶ 소녀시대 9명 모두 예쁘다.

❷ 소녀시대의 노래는 좋다.

❸ 내 방은 소녀시대 사진으로 가득찼다.

❹ 10월 3일 수요일은 날씨가 흐렸다 갰다.

❺ 엄마는 내가 소녀시대를 좋아해서 공부에 소홀할까 봐 걱정이시다.

확인 더하기➕

다음을 보고 두산이가 되어 중국어 일기로 바르게 작문하세요.

"소녀시대"가 좋아!

10월 3일 수요일 맑은 뒤 흐림

나는 "소녀시대"를 정말 좋아한다. 그녀들 9명 모두 예쁘고, 노래도 좋다. 내 방에는 그녀들의 사진이 가득 붙여 있다. 엄마는 내가 열심히 공부하지 않는다고 말씀하시지만, 나는 그녀들이 좋다.

平板电脑

今天爸爸买来了一台平板电脑。

平板电脑不但具有普通电脑的基本功能，

而且是触摸屏的，不用携带键盘和鼠标，

非常方便。

最近平板电脑大受欢迎，我也想买一个。

어법 더하기+

1. 平板电脑不但具有普通电脑的基本功能，而且是触摸屏的，不用携带键盘和鼠标，非常方便。

   → '不但…而且'는 '~할 뿐만 아니라 또한 ~하기도 하다'라는 뜻의 점층을 나타내는 복문 접속어예요.

   • 他不但学历高，而且很有能力。
     그는 학력이 높을 뿐만 아니라, 능력도 있다.
   • 她不但会说英语，而且说得很流利。
     그녀는 영어를 말 할 수 있을 뿐만 아니라, 유창하기까지 하다.

2. 平板电脑不但具有普通电脑的基本功能，而且是触摸屏的，不用携带键盘和鼠标，非常方便。

   → '不用'은 '~할 필요 없다'라는 뜻의 부사예요.

   • 我们不是朋友吗？不用客气！
     우리 친구 아니니! 예의차릴 필요 없어!
   • 我去就行，你不用去了。
     내가 가면 돼, 네가 갈 필요 없어.

3. 最近平板电脑大受欢迎，我也想买一个。

   → '受欢迎'은 '환영받다, 인기가 있다'라는 뜻으로 그 앞에 '大'가 자주 함께 와요.

   • 最近，韩国电影在中国大受欢迎。
     최근 한국영화가 중국에서 인기 있다.
   • 这个歌手最近大受欢迎。
     최근 이 가수가 인기 있다.

해석 더하기+

태블릿 PC　　　10월 21일 일요일 맑음

오늘 아빠가 태블릿PC 한 대를 사오셨다. 태블릿PC는 일반 컴퓨터의 기능을 갖고 있을 뿐만 아니라, 터치 스크린으로 키보드나 마우스를 휴대할 필요도 없어서 매우 편리하다. 최근에 태블릿PC는 인기가 좋아 나도 하나 갖고 싶다.

단어 더하기+

Track 34

★ 平板电脑 píngbǎn diànnǎo 태블릿PC　　　★ 台 tái (기계, 설비, 기구 등을 세는 양사) 대

★ 具有 jùyǒu 가지고 있다　　　★ 普通 pǔtōng 보통이다, 일반적이다　　　★ 基本 jīběn 기본의

★ 功能 gōngnéng 기능　　　★ 触摸屏 chùmōpíng 터치스크린　　　★ 携带 xiédài 휴대하다

★ 键盘 jiànpán 키보드, 자판　　　★ 鼠标 shǔbiāo 마우스　　　★ 方便 fāngbiàn 편리하다

★ 学历 xuélì 학력　　　★ 能力 nénglì 능력　　　★ 听腻 tīngnì 귀에 못이 박히도록 듣다

 연습 더하기

1. 다음 한어병음을 조합해 바르게 쓰고, 뜻을 채워넣으세요.

ǒ j y ù u → jùyǒu 具有 가지고 있다

① ī j b n ě → ⬜ 基本 ⬜
② é d i à x i → ⬜ 携带 ⬜
③ o sh b ǔ i ā → ⬜ 鼠标 ⬜
④ m ch p ng ù ō í → ⬜ 触摸屏 ⬜

2. 다음을 올바르게 해석하세요.

> 平板电脑不用携带键盘和鼠标，非常方便。

① ____.

> 最近平板电脑大受欢迎，我也想买一个。

② ____.

3. 다음 중 <u>틀린</u> 곳을 찾으세요.

平板电脑　　　10月 21日 星期天 晴

今天爸爸买来了一Ⓐ台平板电脑。

平板电脑Ⓑ<u>不但</u>具有普通电脑的基本功能，

Ⓒ<u>而且</u>是触摸屏的，不用携带键盘和鼠标，非常方便。

最近平板电脑大Ⓓ<u>欢迎</u>，我也想买一Ⓔ<u>个</u>。

① Ⓐ　　　　　　② Ⓑ
③ Ⓒ　　　　　　④ Ⓓ
⑤ Ⓔ

확인 더하기✛

다음을 보고 두산이가 되어 중국어 일기로 바르게 작문하세요.

태블릿 PC

10월 21일 일요일 맑음

오늘 아빠가 태블릿PC 한 대를 사오셨다. 태블릿PC는 일반 컴퓨터의 기능을 갖고 있을 뿐만 아니라, 터치 스크린으로 키보드나 마우스를 휴대할 필요도 없어서 매우 편리하다. 최근에 태블릿PC는 인기가 좋아 나도 하나 갖고 싶다.

我爱吃泡菜。

妈妈在家里做泡菜，我也帮了忙。

我抹调料的时候，忍不住尝了好几次。

妈妈对我说："光吃泡菜太咸，会胃疼。"

这么好吃的泡菜，姐姐怎么不喜欢吃呢？

어법 더하기✛

1. 我抹调料的时候，忍**不住**尝了好几次。

┈→ '不住'는 동사 뒤에서 동작이 불안정하고 유동적임을 나타내며 '~을 하지 못하다'라는 뜻이에요.

- 我记不住她的名字。
  나는 그녀의 이름을 기억하지 못한다.
- 我忍不住哭了。
  나는 참지 못해 울었다.

2. 妈妈对我说："**光**吃泡菜太咸，会胃疼。"

┈→ '光'은 '단지, 오직'이라는 뜻의 부사예요.

- 她总是光说不做。
  그녀는 늘 말만 하고 실천하지 않는다.
- 我今天光带了一本书。
  난 오늘 단지 책 한 권만 가져왔다.

3. **这么**好吃的泡菜，姐姐怎么不喜欢吃呢？

┈→ '这么'는 '이렇게, 이와 같은'이라는 뜻의 대명사예요.

- 今天怎么这么热？
  오늘 어째서 이렇게 덥지?
- 这么快的兔子，你看过吗？。
  이렇게 빠른 토끼를 넌 본 적 있니?

해석 더하기✛

김치가 좋아.　　11월 10일 토요일 눈

엄마가 집에서 김치를 담그셔서 나도 도왔다. 나는 양념을 버무리면서 참지 못하고 여러 번 먹었다. 엄마는 나에게 "김치만 먹으면 짜서 속 쓰리지."라고 말씀하셨다. 이렇게 맛있는 김치를 누나는 어째서 안 좋아하는 걸까?

단어 더하기✛

- 泡菜 pàocài 김치
- 调料 tiáoliào 양념
- 好几次 hǎo jǐ cì 여러 번, 수차례
- 疼 téng 아프다
- 兔子 tùzi 토끼

- 帮忙 bāngmáng 도와주다
- 忍不住 rěn bu zhù 참지 못하다
- 咸 xián 짜다
- 哭 kū 울다

- 抹 mǒ 버무리다
- 尝 cháng 맛보다
- 胃 wèi 위
- 热 rè 덥다

1. 중국어에는 한어병음을, 한어병음에는 중국어를 써 넣으세요.

❶ 尝 ________________   ❷ 抹 ________________

❸ 咸 ________________   ❹ 胃 ________________

❺ 疼 ________________   ❻ pàocài ________________

❼ bāngmáng ________________   ❽ tiáoliào ________________

2. 제시된 단어를 모두 사용하여 완전한 중국어 문장을 만드세요.

> 妈妈　　做泡菜　　在家里　　帮了忙　　我也

❶ ________________________________。

> 的时候　　抹调料　　我　　尝了　　忍不住　　好几次

❷ ________________________________。

3. 다음 일기를 보고 내용과 일치하지 <u>않는</u> 것을 고르세요.

我爱吃泡菜。

11月 10日 星期六 雪

妈妈在家里做泡菜，我也帮了忙。

我抹调料的时候，忍不住尝了好几次。

妈妈对我说：“光吃泡菜太咸，会胃疼。”

这么好吃的泡菜，姐姐怎么不喜欢吃呢？

❶ 누나는 김치를 싫어한다.

❷ 김치를 담근 날 눈이 왔다.

❸ 나는 엄마가 김장하시는 것을 도왔다.

❹ 엄마는 김치를 담그시다 여러 번 맛을 보셨다.

❺ 엄마는 김치만 먹어서 위가 아픈거라고 말씀하셨다.

확인 더하기✛

다음을 보고 두산이가 되어 중국어 일기로 바르게 작문하세요.

김치가 좋아.

11월 10일 토요일 눈

엄마가 집에서 김치를 담그셔서 나도 도왔다. 나는 양념을 버무리면서 참지 못하고 여러 번 먹었다. 엄마는 나에게 "김치만 먹으면 짜서 속 쓰리지."라고 말씀하셨다. 이렇게 맛있는 김치를 누나는 어째서 안 좋아하는 걸까?

笔友

12 月 1 日　星期日　雪转晴

我现在有一个中国笔友，

我们用电脑发电子邮件。

他不会韩国语，所以我用汉语给他写信。

网上交笔友，可以随时交流，真是方便极了。

어법 더하기+

1. **他不会韩语，所以我用汉语给他写信。**

   ⟶ 여기서 '会'는 조동사가 아니라 '이해하다, 할 수 있다'라는 뜻의 동사로, 뒤에 명사 목적어가 와요.

   - 你会不会汉语？
     너는 중국어 할 수 있니?
   - 我以前会，现在都忘了。
     나는 예전에는 할 수 있었는데 지금은 모두 잊어버렸다.

2. **网上交笔友，可以随时交流，真是方便极了。**

   ⟶ '随时'은 '수시로, 언제나, 아무 때나'라는 뜻의 부사에요.

   - 有问题可以随时问我。
     문제가 있으면 언제든 내게 물어봐.
   - 我们打电话随时联系。
     우리는 전화해서 수시로 연락한다.

3. **网上交笔友，可以随时交流，真是方便极了。**

   ⟶ '형용사+极了'는 문장 끝에서 상태나 상황의 정도가 극도로 높음을 나타내요.

   - 我晕船，肚子里翻肠倒胃，难受极了。
     나는 배멀미가 나서, 속이 뒤집혀 무척 괴롭다.
   - 你的鸡蛋汤味道好极了。
     너의 계란국 맛은 정말 좋다.

해석 더하기+

> **펜팔친구** 　　12월 1일 일요일 눈 오 뒤 맑음
>
> 나에게 지금 중국인 펜팔친구가 한 명 있는데, 우리들은 컴퓨터로 이메일을 보낸다. 걔는 한국어를 할 줄 몰라서 내가 그에게 중국어로 편지를 쓴다. 인터넷상의 펜팔친구는 아무 때나 연락할 수 있어서 참 편하다.

단어 더하기+

- ★ 笔友 bǐyǒu 펜팔친구
- ★ 写信 xiěxìn 편지를 쓰다
- ☆ 忘 wàng 잊다
- ★ 肚子 dùzi 배
- ☆ 倒 dǎo 넘어지다, 거꾸러지다
- ☆ 鸡蛋汤 jīdàntāng 계란국

- ★ 发 fā 보내다
- ★ 交 jiāo 사귀다
- ☆ 联系 liánxì 연락하다
- ★ 翻 fān 뒤집다, 뒤집히다
- ★ 胃 wèi 위

- ★ 电子邮件 diànzǐ yóujiàn 이메일
- ★ 交流 jiāoliú 교류하다
- ☆ 晕船 yùnchuán 배멀미하다
- ☆ 肠 cháng 창자
- ☆ 难受 nánshòu 아프다, 괴롭다

연습 더하기

1. 다음 중 성조의 합이 <u>다른</u> 하나는?

❶ 笔友
❷ 难受
❸ 肚子
❹ 晕船
❺ 鸡蛋汤

2. 다음을 올바르게 해석하세요.

> 我现在有一个中国笔友，我们用电脑发电子邮件。

❶ ____________________

> 他不会韩国语，所以我用汉语给他写信。

❷ ____________________

3. 다음 일기를 보고 내용과 일치하는 것을 고르세요.

笔友　　　　　　12月 1日 星期日 雪转晴

我现在有一个中国笔友，

我们用电脑发电子邮件。

他不会韩国语，所以我用汉语给他写信。

网上交笔友，可以随时交流，真是方便极了。

❶ 나의 중국 펜팔친구는 한국에 산다.
❷ 나는 해외 펜팔 친구가 여러 명 있다.
❸ 나는 중국 펜팔친구와 화상채팅을 한다.
❹ 컴퓨터로 친구를 사귀면 아무 때나 연락할 수 있다.
❺ 나는 중국 펜팔친구와 한국어로 메일을 교환한다.

 ## 확인 더하기✛

다음을 보고 두산이가 되어 중국어 일기로 바르게 작문하세요.

펜팔친구

12월 1일 일요일 눈 온 뒤 맑음

나에게 지금 중국인 펜팔친구가 한 명 있는데, 우리들은 컴퓨터로 이메일을 보낸다. 걔는 한국어를 할 줄 몰라서 내가 중국어로 그에게 편지를 쓴다. 인터넷상의 펜팔친구는 아무 때나 연락할 수 있어서 참 편하다.

20 开心的圣诞节

今天是开心的圣诞节。

街上到处能看到笑眯眯的圣诞老人。

我请中国朋友来我家一起玩儿。

爸爸妈妈送了我们礼物。

中国朋友收到意外的圣诞礼物，非常高兴。

我也高兴极了。

어법 더하기✛

1. 街上<u>到处</u>能看到笑眯眯的圣诞老人。

⟶ '到处'는 '도처에, 곳곳에'라는 뜻의 부사예요.

- 到处都有垃圾。
  도처에 쓰레기가 있다.
- 妈妈到处找我。
  엄마는 곳곳에 나를 찾아다녔다.

2. 街上到处能看到笑眯眯的圣诞老人。

⟶ '到'는 동사 뒤에서 동작이 어떤 목적에 이르거나 어떤 결과가 있음을 나타내는 결과보어예요.

- 我找不到钥匙。
  나는 열쇠를 찾을 수 없다.
- 我刚才收到你的电子邮件。
  나는 방금 너의 이메일을 받았다.

3. 我请中国朋友来我家一起玩儿，爸爸妈妈送了我们礼物。

⟶ '请'은 '초청하다, 요청하다'라는 뜻의 동사예요.

- 我请你吃饭。
  내가 밥 살게.
- 朋友请我看电影。
  친구가 나한테 영화를 보여준다

해석 더하기✛

신나는 크리스마스　　12월 25일 금요일 눈

오늘은 신나는 크리스마스이다. 거리 도처에서 빙그레 웃는 산타클로스를 볼 수 있다. 나는 중국 친구를 불러와 우리 집에서 함께 놀았다. 아빠와 엄마는 우리에게 선물을 주셨다. 중국 친구는 뜻밖의 선물을 받고 매우 기뻐했다. 나도 기뻤다.

단어 더하기✛

- ★ 开心 kāixīn 기쁘다
- ★ 笑眯眯 xiàomīmī 빙그레 웃다
- ★ 送 sòng 주다, 보내다
- ★ 意外 yìwài 의외이다, 뜻밖이다
- ★ 圣诞节 Shèngdànjié 크리스마스
- ★ 圣诞老人 Shèngdàn lǎorén 산타클로스
- ★ 礼物 lǐwù 선물
- ★ 垃圾 lājī 쓰레기
- ★ 街 jiē 거리
- ★ 收到 shōudào 받다
- ★ 钥匙 yàoshi 열쇠

1. 중국어와 한어병음, 그리고 뜻을 서로 맞게 연결하세요.

❶ 开心　•　　　• kāixīn 　•　　　• 크리스마스

❷ 收到　•　　　• shōudào 　•　　　• 기쁘다

❸ 垃圾　•　　　• Shèngdànjié 　•　　　• 받다

❹ 圣诞节　•　　　• lājī 　•　　　• 쓰레기

2. 제시된 단어를 모두 사용하여 완전한 중국어 문장을 만드세요.

> 能　到处　街上　圣诞老人　笑眯眯的　看到

❶ _______________________________ 。

> 我　来　中国朋友　请　一起玩儿　我家

❷ _______________________________ 。

3. 다음 중 **틀린** 곳을 찾으세요.

开心的圣诞节　　　　　　12月 25日 星期五 雪

今天是开心的圣诞节。

街上Ⓐ到处能看Ⓑ到笑眯眯的圣诞老人。

我Ⓒ请中国朋友来我家一起玩儿,

爸爸妈妈送了我们礼物。

中国朋友收到意外Ⓓ圣诞的礼物，非常高兴。

我也高兴Ⓔ极了。

❶ Ⓐ　　　　　　　　　❷ Ⓑ

❸ Ⓒ　　　　　　　　　❹ Ⓓ

❺ Ⓔ

 ## 확인 더하기✚

다음을 보고 두산이가 되어 중국어 일기로 바르게 작문하세요.

신나는 크리스마스

12월 25일 금요일 눈

오늘은 신나는 크리스마스이다. 거리 도처에서 빙그레 웃는 산타클로스를 볼 수 있다. 나는 중국 친구를 불러와 우리 집에서 함께 놀았다. 아빠와 엄마는 우리에게 선물을 주셨다. 중국 친구는 뜻밖의 선물을 받고 매우 기뻐했다. 나도 기뻤다.

정답 & 확인

 牙疼死了!

연습 더하기 ✛   p.10

1 ❶ yáténg   ❷ sǎngzi   ❸ tūrán   ❹ shuìjiào
    ❺ 头   ❻ 怕   ❼ 牙医   ❽ 味儿

2 ❶ 我一个晚上都没睡好觉。
    ❷ 妈妈要带我去医院。

3 ❶

확인 더하기 ✛   p.11

牙疼死了!1月 12日 星期三 阴

昨天晚上我突然开始牙疼。
因为牙疼,我头和嗓子也跟着疼起来,
所以我一个晚上都没睡好觉。
妈妈要带我去医院,可我不想去。
我很不喜欢牙科医院的味儿。

② 悲伤的情人节

연습 더하기 ✛   p.14

1 ❶ 情人节   qíshí   초콜릿
    ❷ 其实   yǒngqì   밸런타인데이
    ❸ 勇气   Qíngrénjié   사실
    ❹ 巧克力   jùjué   용기
    ❺ 表白   biǎobái   거절하다
    ❻ 拒绝   qiǎokèlì   고백하다

2 ❶ 下   ❷ 上   ❸ 给   ❹ 被

3 ❶ 悲伤的   ❷ 约会   ❸ 什么也   ❹ 其实

확인 더하기 ✛   p.15

悲伤的情人节 2月 14日 星期二 雪

今天是情人节。
妈妈给爸爸买了巧克力,
姐姐也去跟男朋友约会了。
只剩下我什么也没有。
其实我喜欢上了一个女孩子。
可是我很怕被她拒绝,还没有勇气去表白。

③ 电脑游戏

연습 더하기 ✛   p.18

1 ❶ qǔdé / 얻다, 취득하다   ❷ jiéguǒ / 결과, 결국
    ❸ yóuxì / 게임   ❹ yǐngxiǎng / 영향을 주다

2 ❶ 我向妈妈保证每天只玩儿一个小时。
    ❷ 妈妈终于答应给我买电脑了。

3 ❹

확인 더하기 ✛   p.19

电脑游戏 3月 3日 星期四 阴转晴

我很喜欢电脑,因为能看电视、玩儿游戏。
但我家没有电脑,因为妈妈怕电脑会影响学习。
我向妈妈保证每天只玩儿一个小时,
妈妈终于答应给我买电脑了。

④ 学汉语的好方法

연습 더하기 ✛   p.22

1 ❶ 外语,汉语,日语,日记 총 4개

2 ❶ 汉语老师给我们介绍了学汉语的好方法。
    ❷ 我决定从今天起用汉语写日记。

3 ❶

学汉语的好方法 3月 20日 星期一　雨转阴

汉语老师给我们介绍了学汉语的好方法。
她说应该多听、多说、多读、多写。
为了提高汉语写作能力，
我决定从今天起用汉语写日记。
加油！

5 分！分！分！

연습 더하기 ✛　　　　　　p.26

1
❶ 期中考试　　❷ 成绩
❸ 电视　　　　❹ 上网
❺ 数学　　　　❻ 担心

2
❶ 差
❷ 如果

3 ❸

확인 더하기 ✛　　　　　　p.27

分！分！分！ 4月 27日 星期五　晴

今天考了期中考试，我没考好。
汉语还可以，英语、数学考得很差。
如果成绩不好，妈妈会不让我看电视、上网。
我很担心成绩。

6 超市阿姨

연습 더하기 ✛　　　　　　p.30

1
❶ shèqū / 동네
❷ āyí / 아주머니
❸ rèqíng / 친절하다, 열정적이다

2
❶ 她帮老爷爷、老奶奶挑选东西、算账。
❷ 阿姨告诉孩子们不要吃太多的零食。

3 ❷

확인 더하기 ✛　　　　　　p.31

超市阿姨 5月 11日 星期二　雨

我们社区里的超市阿姨非常热情，有人情味儿。
她帮老爷爷、老奶奶挑选东西、算账，
还告诉孩子们不要吃太多的零食，会长蛀牙。
我喜欢超市阿姨。

7 单恋真痛苦！

연습 더하기 ✛　　　　　　p.34

1

						②k			⑤s	
①s	h	u	ō	h	u	à			h	
			③d	ā	n	l	i	à	n	
						j			n	
④c	ó	n	g	l	á				g	
						à			x	
						n			u	
							⑥n	é	n	g

2
❶ 나는 이제껏 그 애와 말해본 적 없고, 단지 몰래 좋아하기만 한다.
❷ 짝사랑은 괴로워서, 난 더는 참을 수 없다.

3
❶ 每天坐公共汽车上学的时候，我都能看见她。
❷ 我决定明天见到她，就向她表白。

확인 더하기 ✛　　　　　　p.35

单恋真痛苦！ 5月 21日 星期一　晴

每天坐公共汽车上学的时候，我都能看见她。
可是我从来没跟她说过话，只是偷偷地喜欢她。
单恋真痛苦，我再也受不了了。
我决定明天见到她，就向她表白。

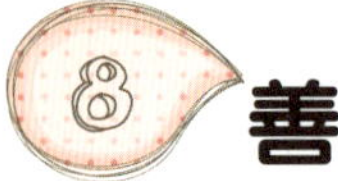

善变的姐姐

연습더하기 ✛ p.38

1 ❶ shànbiàn ❷ huópō ❸ dòngbudòng
 ❹ chēngzàn ❺ 批评 ❻ 交际
 ❼ 吵架 ❽ 生气

2 ❶ 姐姐非常善变，动不动就生气。
 ❷ 我真担心姐姐以后嫁不出去。

3 ❷

확인더하기 ✛ p.39

善变的姐姐 6月 6日 星期六 阴

姐姐的性格开朗、活泼、外向。
而且非常善变，动不动就生气。
早上她还称赞我是她乖弟弟，
晚上却又批评我不听她的话。
我真担心姐姐以后嫁不出去。

感冒

연습더하기 ✛ p.42

1

	②x					
	i	④y				
	ó	ǔ	⑤w			
	n	s	á		⑥d	u	ì
③g	ǎ	n	m	à	o
	m	n			i
	ā				
①y	à	o

2 ❸

3 ❺

확인더하기 ✛ p.43

感冒 6月 29日 星期五 雨

昨天下雨的时候，我因为没带雨伞，
淋了一身的雨，结果今天感冒了。
我吃完药，在家里睡了一整天，现在觉得好多了。
因为可以不用上学，我觉得感冒也挺好的。

你还记得我吗？

연습더하기 ✛ p.46

1
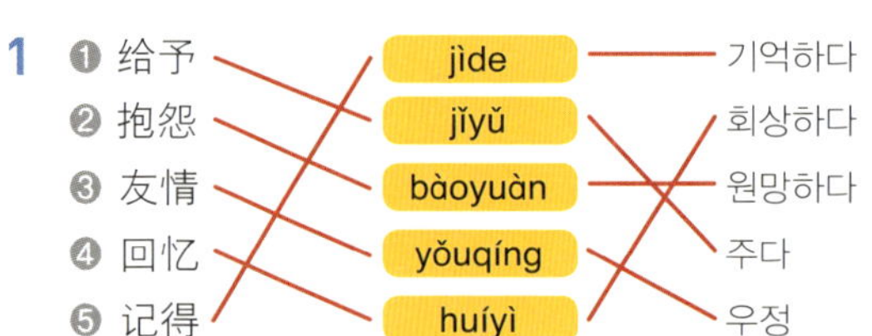

2 ❶ 今天在路上，我碰到了小学时的朋友。
 ❷ 我们虽然很久没有联系，但是友情却没有变。

3 ❷

확인더하기 ✛ p.47

你还记得我吗？ 7月 17日 星期六 阴转晴

今天在路上，我碰到了小学时的朋友。
我对他说：“你还记得我吗？”，
他说：“当然记得！”
然后我们去吃饭，一起回忆以前的事情。
我们虽然很久没有联系了，但是友情却没有变。

姐姐笑我是胆小鬼。

11 运动

연습 더하기 ➕   p.50

1 ❶ gōngjīn / 킬로그램   ❷ jiānchí / 끝까지 버티다
❸ yùndòng / 운동   ❹ bèi / 외우다, 암송하다

2 ❸

3 ❶ 나는 오늘부터 저녁에 헬스클럽에 가서 운동하기로 결정했다.
❷ 누나는 내가 분명히 "작심삼일"할거라고 말한다.

확인 더하기 ➕   p.51

运动 7月 23日 星期六 晴

最近几个月里，我一下子长了五公斤。
我决定从今天起，晚上去健身房运动。
姐姐说我肯定会："三天打雨，两天晒网"。
我一定要坚持下去。

12 胆小鬼

연습 더하기 ➕   p.54

1 ❶ Hánjù   ❷ bì   ❸ jiè   ❹ jīhū
❺ 牛仔裤   ❻ 恶梦   ❼ 胆小鬼   ❽ 恐怖片

2 ❶ 누나가 공포영화DVD를 하나 빌려왔다.
❷ 누나는 내가 겁쟁이라고 놀렸다.

3 Ⓐ盘 Ⓑ完 Ⓒ做 Ⓓ逼 Ⓔ着 Ⓕ胆

확인 더하기 ➕   p.55

胆小鬼 8月 9日 星期天 雨

姐姐借来了一盘恐怖片DVD。
我不喜欢看恐怖片，因为看完后总做恶梦。
姐姐逼我看，结果我看的时候几乎一直闭着眼睛。

13 中国菜太油腻！

연습 더하기 ➕   p.58

1 ❶ 地道   ❷ 吃不惯   ❸ 油腻   ❹ 味道

2 ❶ 我的中国朋友请我吃了地道的中国菜。
❷ 中国菜的味道跟韩国菜不一样。

3 ❺

확인 더하기 ➕   p.59

中国菜太油腻！ 8月 30日 星期六 雨转晴

我的中国朋友请我吃了地道的中国菜。
中国菜的味道跟韩国菜不一样，
它比韩国菜更油腻。我吃不惯中国菜。
我还打算去中国留学。
到时候，我该怎么办呢？

14 没个性！

연습 더하기 ➕   p.62

1

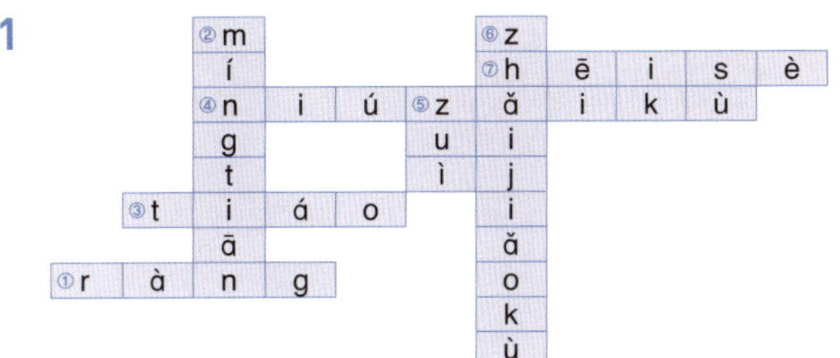

2 ❶ 今天她给我买了一条现在最流行的牛仔裤。
❷ 我打算明天向姐姐道歉。

3 Ⓐ赶 Ⓑ给 Ⓒ条 Ⓓ向

확인 더하기➕　　　　　　　　　　p.63

没个性！9月 13日 星期三 晴

姐姐非常喜欢赶时髦，我觉得那样做没个性。
今天她给我买了一条现在最流行的牛仔裤。
我说我不喜欢，姐姐听了非常生气。
我打算明天向姐姐道歉。

15 看足球比赛。

연습 더하기➕　　　　　　　　　　p.66

1 ④

2 ❶ 우리 둘은 응원하는 팀이 다르기 때문에 필사적으로 자
신의 팀을 응원했다.
❷ 다행히 경기는 무승부였다. 그렇지 않았다면 나와 친구
중에 한 명은 분명히 기분이 나빴을 거다.

3 ③

확인 더하기➕　　　　　　　　　　p.67

看足球比赛。 9月 27日 星期天 风

今天我跟朋友一起去看了一场足球比赛。
因为我们俩支持的队不一样，
所以我们拼命地为自己的队加油。
好在比赛踢平了，不然我和朋友中，
肯定会有一个人不高兴。

16 我爱 "少女时代"！

연습 더하기➕　　　　　　　　　　p.70

1 ❶ piàoliang, 4 + 0 = 4
❷ zhàopiàn, 4 + 4 = 8
❸ rènao, 4 + 0 = 4

2 ❶ 她们九个人都很漂亮，歌也好棒。
❷ 我的房间里贴满了她们的照片。

3 ④

확인 더하기➕　　　　　　　　　　p.71

我爱"少女时代"！10月 3日 星期三 晴转阴

我特别喜欢"少女时代"。
她们九个人都很漂亮，歌也好棒。
我的房间里贴满了她们的照片。
妈妈说我不努力学习，可我就是喜欢她们。

17 平板电脑

연습 더하기➕　　　　　　　　　　p.74

1 ❶ jīběn / 기본의　　❷ xiédài / 휴대하다
❸ shǔbiāo / 마우스　　❹ chùmōpíng / 터치스크린

2 ❶ 태블릿PC는 키보드나 마우스를 휴대할 필요가 없어서
매우 편리하다.
❷ 최근에 태블릿PC는 인기가 좋아 나도 하나 갖고 싶다.

3 ④

확인 더하기➕　　　　　　　　　　p.75

平板电脑 10月 21日 星期天 晴

今天爸爸买来了一台平板电脑。
平板电脑不但具有普通电脑的基本功能，

而且是触摸屏的，不用携带键盘和鼠标，
非常方便。
最近平板电脑大受欢迎，我也想买一个。

⑱ 我爱吃泡菜。

연습더하기+   p.78

1 ❶ cháng   ❷ mǒ   ❸ xián   ❹ wèi
   ❺ téng   ❻ 泡菜   ❼ 帮忙   ❽ 调料

2 ❶ 妈妈在家里做泡菜，我也帮了忙。
   ❷ 我抹调料的时候，忍不住尝了好几次。

3 ❹

확인더하기+   p.79

我爱吃泡菜。 11月 10日 星期六 雪

妈妈在家里做泡菜，我也帮了忙。
我抹调料的时候，忍不住尝了好几次。
妈妈对我说："光吃泡菜太咸，会胃疼。"
这么好吃的泡菜，姐姐怎么不喜欢吃呢？

⑲ 笔友

연습더하기+   p.82

1 ❸

2 ❶ 나에게 지금 중국인 펜팔친구가 한 명 있는데, 우리들
은 컴퓨터로 이메일을 보낸다.

   ❷ 걔는 한국어를 할 줄 몰라서 내가 중국어로 그에게 편
지를 쓴다.

3 ❹

확인더하기+   p.83

笔友 12月 1日 星期日 雪转晴

我现在有一个中国笔友，
我们用电脑发电子邮件。
他不会韩国语，所以我用汉语给他写信。
网上交笔友，可以随时交流，真是方便极了。

⑳ 开心的圣诞节

연습더하기+   p.86

1

❶ 开心	kāixīn	크리스마스
❷ 收到	shōudào	기쁘다
❸ 垃圾	Shèngdànjié	받다
❹ 圣诞节	lājī	쓰레기

❶ 开심 — 기쁘다
❷ 收到 — 받다
❸ 垃圾 — 쓰레기
❹ 圣诞节 — 크리스마스

2 ❶ 街上到处能看到笑眯眯的圣诞老人。
   ❷ 我请中国朋友来我家一起玩儿。

3 ❹

확인더하기+   p.87

开心的圣诞节 12月 25日 星期五 雪

今天是开心的圣诞节。
街上到处能看到笑眯眯的圣诞老人。
我请中国朋友来我家一起玩儿。
爸爸妈妈送了我们礼物。
中国朋友收到意外的圣诞礼物，非常高兴。
我也高兴极了。

저자 소개

이영미

숙명여자대학교 중어중문학과 졸업

한국외국어대학교 통역번역대학원 졸업

現 전문 번역사

現 한국관광대 관광중국어과 겸임교수

現 청강문화산업대, 동아방송대학,

　한양대학교 사회교육원 등 출강

장기(张琦)

중국 길림대학(吉林大学) 한국어과 졸업

한국외국어대학교 통역번역대학원 한중과 졸업

한국외국어대학교 일반대학원 중어중문과 박사 수료

現 경희대학교 중국어과 조교수

저자	이영미 · 장기(张琦)
발행인	이기선
발행처	제이플러스
편집	김효선 · 여정애
디자인	한민혜
마케팅	김흥태
등록번호	제10−1680호
등록일자	1998년 12월 9일

초판발행　2011년 11월 10일

주소	서울시 마포구 월드컵로 31길 62 제이플러스
전화	(02)332−8320
팩스	(02)332−8321
홈페이지	www.jplus114.com
ISBN	978−89−94632−38−4
	978−89−94632−37−7(set)

● 잘못된 책은 교환해 드립니다.

● 저자와 출판사의 허락 없이 무단 전재나 복제를 금합니다.